Louie Giglio

AM TISCH DES GUTEN HIRTEN

LOUIE GIGLIO

AM TISCH des Guten Hirten

GIB NEGATIVEN GEDANKEN KEINEN PLATZ

Francke

ÜBER DEN AUTOR:

Louie Giglio ist Pastor der Passion City Church Atlanta und Gründer der Passion-Bewegung, die sich vor allem an junge Menschen richtet und in diesen eine Leidenschaft für Gott wecken will. Zusammen mit seiner Frau Shelley lebt er in Atlanta.

www:louiegiglio.com/books/
louiegiglio
officialLouieGiglio

MIX
Papier aus verantwortungsvollen Quellen
FSC® C014138

Bibliografische Information der Deutschen Nationalbibliothek
Die Deutsche Nationalbibliothek verzeichnet diese Publikation in der Deutschen Nationalbibliografie; detaillierte bibliografische Daten sind im Internet über https://dnb.de abrufbar.

2. Auflage 2025
ISBN 978-3-96362-329-5

Originally published in English under the title:
Dont Give the Enemy a Seat at Your Table

Published by arrangement with HarperCollins Christian Publishing, Inc.

Am Schwanhof 19, 35037 Marburg an der Lahn
Deutsch von Anja Findeisen-MacKenzie
Umschlagbild: © shutterstock / ShustrikS
Umschlaggestaltung: Francke-Buch GmbH / Marion Schramm
Satz: Francke-Buch GmbH
Printed in Czech Republic

www.francke-buch.de
info@francke-buch.de

Inhalt

Sei dankbar für die Stürme im Leben.
Sie offenbaren dir, wer deine wahren Freunde sind.
Für den Freund, der mir die Nachricht schickte,
welche zum Titel dieses Buches wurde:
Danke, dass du dich Gott zur Verfügung gestellt hast,
um mein Leben zu verändern.

Kapitel 1

Acht Worte, die Ihr Leben verändern können

Ich fühlte mich angegriffen. Falsch dargestellt. Im Stich gelassen. Verletzt.

Meine Frau Shelley und ich befanden uns mitten in einem heftigen Sturm – in einer der schwersten Zeiten, die wir als Leiter je erlebt hatten. Aus jeder Richtung flogen die Pfeile auf mich zu. Mein Herz war schwer und voller widersprüchlicher Gefühle.

Vor Jahren, als wir den Entschluss fassten, eine Gemeinde zu gründen, beschrieb ein Freund mit klaren Worten, wie er den Weg sah, den wir einschlagen wollten: *Das wird das Schwerste sein, was ihr je unternommen habt.*

Damals wischte ich diese Worte beiseite. *Wir haben ja schon so manche Schwierigkeiten bewältigt,* dachte ich. Doch jetzt kamen mir seine Worte wieder in den Sinn. Er hatte recht gehabt. Es war meinem Optimismus geschuldet, aus einem Haufen zumeist fremder Menschen eine Reich-Gottes-Familie, eine örtliche Gemeinde zu gründen (insgeheim dachte ich, wir würden nie solche internen Probleme haben wie andere Gemeinden). Doch die Gemeindegründung stellte mich mit immerhin fünfzig Jahren vor Schwierigkeiten, die ich mir nicht im Traum hätte vorstellen können.

Nun also waren die internen Probleme real. Intensiv. Persönlich. Bitterkeit und Frustration gaben sich die größte Mühe, in meinem Denken Fuß zu fassen. Mehr als einmal fragte ich mich, ob es das wert sei und ob ich nicht lieber meine Koffer packen und verschwinden sollte.

Als dieser ganze Tumult schon Monate andauerte, stand ich eines Abends in unserer Einfahrt und tippte in Höchstgeschwindigkeit eine SMS an einen Freund, dem ich vertraute. An jenem Nachmittag hatte ich etwas herausgefunden, das mir recht gab. Bisher hatte ich immer gedacht: *Du musst deine Sicht der Dinge nicht verbreiten; das wird mit der Zeit schon von alleine geschehen.* An diesem Tag aber kam es mir so vor, als sei dieser Zeitpunkt gekommen, an dem die Welt erfuhr, dass ich recht hatte, und ich wollte diese gute Nachricht nicht für mich behalten. Ich wollte, dass auch die anderen wussten, dass ich im Recht war. Also nahm ich Kontakt mit jemandem auf, der mir in diesem Kampf beigestanden und sich mehrmals für mich eingesetzt hatte.

Wow, was für eine SMS das war. Lang. Voller Furcht und Selbstrechtfertigung. Sie klang im Ton ungefähr so: *Du glaubst gar nicht, was gerade passiert ist. Ich will ja nicht sagen, dass ich recht hatte, aber ehrlich gesagt ist genau das der Fall! Hältst du das für möglich? Ich meine, wenn man nur lange genug abwartet, zeigen die Leute schließlich ihr wahres Gesicht, oder? Weißt du, schlussendlich … bla, bla, bla.*

Ich drückte auf Senden und wartete. Ich starrte auf das Display und hoffte, dass die Unterstützung bald käme. Ich wollte eine Antwort voller herzlicher Worte wie *»Hey, Louie, ich stehe voll hinter dir! Ich habe ja schon immer gewusst, dass du recht hast!«* Ich wollte eine Schulter, an der ich mich ausweinen konnte. Einen feierlichen High Five oder einen Faustcheck (aber nicht in Form von Emojis). Was ich brauchte, waren echte Worte, und zwar viele davon.

Ein Augenblick verging. Dann noch einer. Ich wartete.

* * *

Halten wir einen Moment inne und richten den Fokus auf *Ihre* Geschichte.

Haben Sie schon einmal eine solche Textnachricht verschickt?

Sie brauchen keine Gemeinde gegründet zu haben, um in einer schwierigen Phase zu sein. Jeder von uns erlebt angespannte Situationen, in denen unsere Gedanken belastet sind und wir uns unter Beschuss fühlen. Zeiten, in denen wir ausholen und uns verteidigen oder aufgeben wollen. Was tun Sie?

Wie gewinnen Sie die Schlacht, die um Ihr Denken tobt?

DIE NACHRICHT, DIE ALLES VERÄNDERTE

Wenn wir uns in einer schwierigen Phase befinden, die voller Konflikte und Widersprüche ist, dann müssten wir eigentlich unsere Gedanken ordnen, um herauszufinden, wie es weitergehen soll. Aber einen kühlen Kopf zu bewahren ist schwerer, als es sich anhört.

Vielleicht sind wir die Zielscheibe des schädlichen Verhaltens oder der verletzenden Worte anderer. Vielleicht kommt der Konflikt auch von innen. Wir fühlen uns alleingelassen. Zu Unrecht angegriffen. Verletzt. Besiegt. In Versuchung geführt. Verloren. Unsere Stimmung ist am Tiefpunkt. Unsere Gedanken sind belastet. Wir sind erschöpft von den endlosen Gesprächen, die wir in unserem Kopf mit Freunden, Kollegen, Familienmitgliedern und Anklägern führen. Gespräche, in denen wir immer gerechtfertigt und die Fehler der anderen hervorgehoben werden.

In solchen Zeiten kann es leicht passieren, dass Furcht oder Verzweiflung einsetzen. Wir ertappen uns dabei, wie wir uns ständig umschauen und fragen, ob jemand uns etwas antun will. Wir haben mit unseren Emotionen zu kämpfen. Wir drehen fast durch vor Zorn. Wir brechen in Tränen aus. Es ist nicht ungewöhnlich, dass man diesen dunklen Gedanken nachgibt, vor allem, wenn man nachts um zwei an die Decke starrt und verzweifelt darüber nachdenkt, was man gegen Verleumdungen und falsche Narrative tun kann. Wir fühlen uns, als stünden wir mit dem Rücken zur Wand und stehen in der Gefahr, dass Verfolgungswahn zu unserem ständigen Begleiter wird. Wir sind ununterbrochen in Verteidigungsstellung.

Und wir suchen nach Verbündeten. Nach jemandem – egal wer –, der die Dinge so sieht wie wir. Wir fühlen uns von allen angezogen, die unsere Sicht der ganzen Geschichte anhören wollen und Mitgefühl zeigen. An diesem Punkt war ich auch, als ich vor meinem Haus stand und meinen Blick auf den kleinen Kreis heftete, der sich auf dem Display meines Smartphones drehte und mir zeigte, dass eine Antwort unterwegs war.

Wie gesagt: Ich wünschte mir, dass mein Freund sich mit seiner Antwort genauso viel Mühe gab wie ich mit meiner Nachricht an ihn. Ich sehnte mich nach etwas Starkem und Kühnem. Nach viel Bestätigung und Solidarität. Nach vielen Worten.

Und dann kam sie, die Antwort. In einem einzigen Satz. Genauer gesagt in acht Worten. »Das kann doch wohl nicht wahr sein!«, platzte ich enttäuscht heraus. Doch als ich mich auf diese acht Worte einließ und mich näher mit ihnen befasste, veränderten sie mein Leben. Die Botschaft lautete:

Gib dem Feind keinen Platz an deinem Tisch.

Ich schob meinen Ärger beiseite und fing an, über diesen Satz nachzudenken. Schnell merkte ich, dass mein Freund den Nagel auf den Kopf getroffen hatte. Ich hatte es meinem Feind –

dem Teufel – gestattet, die Gespräche, die in meinen Gedanken abliefen, zu beeinflussen.

Mein Kampf richtete sich nicht gegen Menschen. Diese waren zwar daran beteiligt, aber ich kämpfte in Wirklichkeit gegen die »Mächtigen und Gewaltigen, die über diese Finsternis herrschen«. (Epheser 6,12) Es war nicht mein Vater im Himmel, der mich furchtsam und paranoid machte. Es war nicht mein Hirte, der mir die Gedanken der Verzweiflung einpflanzte. Diese schädlichen Gedanken kamen von jemand anderem.

Der Feind hatte an meinem Tisch Platz genommen, und ich ließ es zu, dass ich den Worten eines Mörders lauschte. Noch dort in der Einfahrt meines Hauses beschloss ich, meinen Tisch zurückzuerobern. Der Teufel würde fliehen müssen.

Der Feind hatte an meinem Tisch Platz genommen, und ich ließ es zu, dass ich den Worten eines Mörders lauschte.

In den folgenden Tagen drehten sich meine Gedanken immer wieder um diese acht Worte. Wenn sich negative Gedanken in meinem Kopf breitmachen wollten, sagte ich zu mir selbst: *Biete dem Teufel keinen Platz an. Gib seinen Ideen keinen Raum. Diese Gedanken kommen nicht von einem guten und vertrauenswürdigen Hirten. Lass sie hinter dir.*

Kurz danach ergab es sich, dass ich mich mit Psalm 23 beschäftigte – einem Text, der das Volk Gottes seit Jahrhunderten tröstet und stärkt, wenn es durch unruhige Gewässer segelt. Nun sah ich ihn mit ganz neuen Augen. Vor allem die Zeile, in der es heißt: »Du bereitest vor mir einen Tisch im Angesicht meiner Feinde«. (Vers 5)

Ich sah mich an einem Tisch sitzen und den Guten Hirten mir gegenüber. Er hatte mich durch finstere Täler bis zu diesem Tisch geführt, und ich brauchte keine Angst zu haben, selbst wenn die schweren Anfechtungen noch nicht vorüber waren. Dass ich meinen Platz am Tisch des himmlischen Vaters hatte, bedeutete nicht automatisch, dass meine Feinde in dieser Gleichung nicht mehr vorkamen. Ja, der Tisch war sogar *inmitten* meiner Feinde gedeckt. Das regte mich zum Nachdenken an und ich widmete dieser Tatsache meine ganze Aufmerksamkeit.

Ich brauchte mich nicht selbst zu rechtfertigen. Ich musste meinen Namen nicht reinwaschen. Weder sollte ich die Gleichung überprüfen noch mir die größte Mühe geben, sie zu verbessern. Meine Aufgabe bestand darin, mich auf den Guten Hirten zu konzentrieren, auf den Einen, dem dieser Tisch gehörte.

Ich war eingeladen, mein Vertrauen auf ihn zu setzen, der wollte, dass ich auf der grünen Aue ruhte, der mich zum frischen Wasser führte und meine Seele erquickte. Der Gute Hirte führte mich auf rechter Straße um seines Namens willen. Finstere Täler und schwere Zeiten gehörten zu diesem Weg, und doch würde er bei mir sein und mich durch jede bedrohliche Finsternis geleiten. Der Gute Hirte würde mein Leben mit seiner Gunst salben und meinen Becher bis zum Überfließen füllen. Was mir verheißen war – Gutes, Barmherzigkeit und Liebe –, würde mich jeden einzelnen Tag meines Lebens begleiten.

Meine Bestimmung war klar. Ich brauchte mich nicht zu fürchten. Der Hirte saß mit am Tisch und er würde dafür sorgen, dass ich für immer im Haus des Herrn bleiben konnte.

Tag für Tag beschäftigte ich mich weiter mit Psalm 23 und ließ ihn tief in meine Seele einsinken. Aus 1 Petrus 5,8 wusste ich, dass eine der Haupttaktiken des Teufels darin besteht, in meinem Leben »wie ein brüllender Löwe« umherzustreifen. Vielleicht würde ich ihn also nicht davon abhalten können, um meinen Tisch herumzuschleichen, aber im Namen Jesu hatte ich definitiv die Wahl, ob ich es ihm erlaubte, Platz zu nehmen, oder nicht.

Gottes Wort veränderte mein Denken und wirkte sich deutlich auf meinen inneren Zustand und den Frieden in meinem Herzen aus. *Gib dem Feind keinen Platz an deinem Tisch* wurde bald zu mehr als nur einem hilfreichen Zitat. Die acht Worte wurden zu einer Waffe, die mich befreite.

WIE DIE BOTSCHAFT FAHRT AUFNAHM …

Ein paar Wochen später hielt ich für die Trainer eines Profisport-Teams eine morgendliche Bibelstunde. Die Saison war für das Team von Kämpfen und Niederlagen gekennzeichnet gewesen und entsprechend deprimiert war die Stimmung im Raum. Sie fühlten sich von Kritikern umzingelt. Vermutlich gab es auch intern Spannungen und Misstrauen. Man konnte ihnen ihre Furcht und Verzweiflung ansehen. Den Trainern ging es ähnlich wie mir an dem Abend, als ich die Textnachricht an meinen Freund schickte.

Während ich zu der Gruppe sprach, hatte ich den Eindruck, der Heilige Geist wolle mich dazu bewegen, Psalm 23 zu thematisieren – was Gott mich dadurch gelehrt hatte und wie er vor uns einen Tisch im Angesicht unserer Feinde bereitet. Ich beschrieb also, wie ich meinem Freund die lange SMS mit (sinngemäßen) Worten wie »Ich Armer, bitte bau mich wieder auf« geschrieben und was er mir darauf geantwortet hatte.

Als ich den Satz *Gib dem Feind keinen Platz an deinem Tisch* ausgesprochen hatte, veränderte sich die Atmosphäre im Raum. Viele der Anwesenden zeigten plötzlich einen anderen Gesichtsausdruck. Später erfuhr ich von mehreren, dass diese acht Worte bei ihnen einen ähnlich tiefen Eindruck hinterlassen hatten wie bei mir.

Am selben Tag fuhr ich zu unserer Gemeinde, der *Passion City Church* in Atlanta, zurück, wo ein Treffen des gesamten Teams stattfinden sollte. Noch unterwegs rief ich ein paar Leute an und bat darum, in der Mitte des Raumes einen Tisch aufzustellen, auf dem sich ein paar Kleinigkeiten zu essen und mit Wasser befüllte Trinkgläser befanden. Ich führte das Thema, das ich am Morgen mit den Trainern besprochen hatte, weiter aus und verwandelte dessen Botschaft in ein visuelles Erlebnis: Ich saß an dem Tisch, auf dem das Essen stand, und sprach über die Verheißung von Psalm 23.

Auch hier hinterließ diese Botschaft einen tiefen Eindruck.

So sehr, dass ich am darauffolgenden Sonntag eine ganze Predigt darüber hielt. Dieses Mal war das Essen ein wenig üppiger und die Tischdekoration aufwendiger. Wir hatten eine reiche Auswahl an Obst sowie Käseplatten. Bratenaufschnitt. Brot. Desserts.

Und wieder trafen die acht Worte die Zuhörer tief ins Herz. Eine Mutter von drei Kindern, die sich mitten in einer konfliktreichen Trennung von ihrem Partner befand, sagte mir, diese Worte seien genau das gewesen, was sie gebraucht habe. Eine College-Studentin, die sich mit Selbstmordgedanken trug, äußerte sich ähnlich. Es wurde deutlich, dass ich nicht der Einzige war, der Probleme hatte, und dass die Botschaft nicht nur für mich bestimmt war. Sie sollte mit so vielen Menschen wie möglich geteilt werden.

Bald schon hatte ich das Vorrecht, in vielen Ländern der Welt über dieses Thema zu sprechen, und dies wurde für mich als Redner zu einem erfrischend interaktiven Erlebnis. Ich fing immer oben auf der Bühne an, endete dann aber an dem Tisch, der bereits vorher mitten unter den Zuhörern aufgestellt worden war. Irgendwann kam der Punkt, an dem ich das Essen an die umliegenden Reihen weiterreichte und die Leute ermutigte, sich doch ein Croissant, einen Brownie oder ein Stück Karotte zu genehmigen und die Platte an ihre Sitznachbarn weiterzugeben. Lecker aussehende Desserts lösten immer die größte Begeisterung aus.

Aber es ging bei dieser Veranschaulichung ja nicht in erster Linie darum, möglichst viel Aufsehen zu erregen. Die größte Kraft entfaltete die Erkenntnis, dass der König des Universums Sie und mich einlädt, mit ihm an seinem Tisch Platz zu nehmen! Jene acht Worte waren nicht nur denkwürdig, sondern in ihnen steckte bewiesenermaßen eine große Kraft. Die Geschichte, die sie erzählten, war befreiend und sofort im eigenen Leben umsetzbar.

Es ist die Geschichte vom Guten Hirten, der uns sieht und mit uns durch das Tal geht. Sie handelt davon, wie Gott uns mitten in Schwierigkeiten einen Tisch voller Nahrung und Erfrischung deckt. Diese Botschaft lässt uns erkennen, dass wir den Gedanken in unserem Kopf nicht einfach freien Lauf lassen dürfen. Die acht Worte sind letztendlich eine Siegesbotschaft.

Die größte Kraft entfaltete die Erkenntnis, dass der König des Universums Sie und mich einlädt, mit ihm an seinem Tisch Platz zu nehmen!

DEN FÜR MICH GEDECKTEN TISCH ZURÜCKEROBERN

Darum habe ich dieses Buch geschrieben. Ich möchte Ihnen zeigen, dass Sie durch Jesus Christus die Autorität haben zu bestimmen, wer bei Ihnen am Tisch sitzen darf – wer Ihre Gedanken beeinflusst. Sie können Ihre Freiheit zurückgewinnen und Ihre Gedanken und Gefühle wieder unter Kontrolle bekommen. Sie müssen sich nicht von Furcht, Verzweiflung oder Wut gefangen nehmen lassen. Sie brauchen nicht mehr gegen belastende oder schädliche Gedanken anzukämpfen. Sie sind zu einer engen, persönlichen Beziehung mit dem allmächtigen Gott eingeladen. Der Tisch, den er für Sie gedeckt hat, ist ein Tisch des Friedens, der Klarheit und der Fülle. Sie müssen dem Feind dort keinen Platz anbieten.

Eines möchte ich jedoch betonen: Die acht Worte, die auf meinem Smartphone eintrafen, wurden von Gott gebraucht, um eine Reihe von Ereignissen in Gang zu setzen, die zu diesem Buch führten. Das Potenzial aber, das diese Seiten für Sie bereithalten, ist in etwas verwurzelt, das weit größer ist als die Textnachricht von einem Freund. Die Verheißung dieses Buches basiert auf einer Botschaft Ihres Schöpfers an Sie. Seine Worte an Sie in der Bibel sind lebendig und machtvoll. Seine Worte können die Bollwerke zertrümmern, in denen Sie seit Jahren gefangen gehalten werden. Sie können Ihnen helfen, wieder klar zu denken. Seine Worte schenken Ihnen eine brandneue Perspektive.

Auf den folgenden Seiten werden wir uns Psalm 23 auf eine ganz neue Weise erschließen. Dabei wird unser Augenmerk besonders auf Vers 5 ruhen: »Du bereitest vor mir einen Tisch im Angesicht meiner Feinde.« Wir werden uns mit den Lügen beschäftigen, mit denen der Teufel uns füttert, um sich einen Platz an dem Tisch zu erschleichen, der doch nur für uns und unseren König bestimmt ist. Ich möchte aufzeigen, wie wir diese Lügen entlarven und mitten in herausfordernden Lebensumständen oder Situationen Sieg, Frieden und Geborgenheit finden können. Praktische, hilfreiche Ermutigungen sollen uns helfen, in Jesus standhaft zu bleiben und wieder die Kontrolle über unsere Gedanken und Ängste zu gewinnen.

Der Teufel will nichts anderes, als uns zu vernichten. Er will uns all das nehmen, was für uns von Wert ist. Alles, was in unserem Leben gut ist, möchte er zerstören – letztendlich uns selbst. Wenn er den Sieg über unser Denken erringt, kann er schlussendlich auch den Sieg über unser ganzes Leben erlangen.

Doch die Botschaft von Psalm 23 lautet, dass der Gute Hirte einen Tisch für uns vorbereitet. Es ist ein Tisch für zwei Personen und der Teufel ist nicht eingeladen. Dieses Buch vermittelt eine umfassende Botschaft, die für alle erdenklichen schweren Situationen anwendbar ist. Sie hilft uns, mitten in unserem persönlichen finsteren Tal Mut, Hoffnung und Kraft zu schöpfen. Wir brauchen nicht auf die Stimmen der Furcht, Wut, Begierde, Verunsicherung, Sorge, Verzweiflung, Versuchung oder Niederlage zu hören.

Der Gute Hirte bereitet einen Tisch für uns vor. Es ist ein Tisch für zwei Personen und der Teufel ist nicht eingeladen.

Ich befinde mich in demselben Kampf wie Sie. Ich predige mir selbst diese Botschaft immer und immer wieder und ich bin zuversichtlich, dass unser Guter Hirte verherrlicht wird, weil er uns in dem Kampf um unser Denken zum Sieg führt. Lassen Sie uns also gemeinsam aufbrechen. Sie und ich. Es wird Zeit, sich das zurückzuholen, was der Feind uns gestohlen hat. Lesen Sie also weiter und schauen Sie sich genauer an, was es mit diesem Tisch des Guten Hirten auf sich hat.

Kapitel 2

Psalm 23 – Remix

Jay und Katherine Wolf, zwei gute Freunde von uns, lernten sich vor vielen Jahren als Studienanfänger an der Samford University in Homewood im US-Bundesstaat Alabama kennen und verliebten sich schon bald. Jay strebte eine juristische Karriere an und Katherine wurde im wahrsten Sinne des Wortes zur Miss Samford gekrönt – weil sie so klug, schön und selbstbewusst war.

Im Jahr 2004, kurz nach dem Abschluss ihres Studiums, heirateten die beiden und schworen einander ihre Liebe und Treue in guten und in schweren Zeiten. Bald darauf zogen sie von Atlanta nach Malibu in Kalifornien, wo Jay an der Pepperdine University Jura studierte und Katherine eine Karriere als Schauspielerin und Model begann. Ein paar Jahre lang lief alles glatt. 2007 bekamen sie ihr erstes Kind, einen Jungen. Auch hier ging alles gut.

Eines Nachmittags, etwa sechs Monate nach der Geburt, wurde Katherine plötzlich schwindelig und übel. Sie hatte kein Gefühl mehr in Händen, Armen und Beinen. Gerade war sie auf dem Weg ins Wohnzimmer gewesen, um den Fernseher abzuschalten. Sie schwankte und brach zusammen. Jay war zu Hause und rief den Notarzt. Katherine wurde schnell ins Krankenhaus gebracht, wo man einen schweren Schlaganfall feststellte. Ihre Überlebenschancen waren gering. Um sie zu retten, wurde mehr als die Hälfte ihres Kleinhirns entfernt. Die Operation dauerte über sechzehn Stunden. Katherine war erst sechsundzwanzig Jahre alt.

Wie durch ein Wunder überlebte sie ihr plötzliches Martyrium, aber das war für das junge Ehepaar erst der Anfang einer »neuen Normalität«. Zwei Monate lang war Katherine bewusstlos. Vierzig Tage lag sie auf der Intensivstation. Sie musste das Sprechen und das Essen erst wieder lernen. Es dauerte achtzehn Monate, bis sie wieder gehen konnte. Es folgten Jahre der Rehabilitation und Genesung, dazu zehn weitere Operationen. Katherines Körper erholte sich nie wieder vollständig von dem Schlaganfall.

Heute lebt sie mit dauerhaften Einschränkungen. Sie ist teilweise gehörlos, kann nicht normal schlucken und nicht gut sehen. Ein Teil ihres Gesichts ist immer noch von der Lähmung gezeichnet. Sie spricht undeutlich und ist die meiste Zeit auf den Rollstuhl angewiesen. Dennoch leben Katherine und Jay ihren Glauben auf bemerkenswerte Weise. Er ist tief verwurzelt in der Überzeugung, dass auch das Leid einen Sinn hat. Folglich entwickeln die beiden eine enorme Strahlkraft im Reich Gottes. Durch ihre Bücher und Vorträge bringen sie vielen leidgeprüften Menschen nah und fern Hoffnung.[1]

Nur wenige von uns haben so Schweres durchgemacht wie Katherine und Jay. Aber wir haben sicher schon erfahren, dass das Leben alles andere als perfekt ist. Wenn wir dem Feind keinen Platz an unserem Tisch geben wollen, dann müssen wir damit beginnen, dieser harten Wahrheit ins Gesicht zu sehen: Das Leben ist schwierig, und trotzdem lädt Jesus uns ein, ihm nachzufolgen.

DER »DENNOCH-GLAUBE«

Seite um Seite treffen wir in der Bibel auf Menschen, die in ihrem Leben in Bedrängnis geraten sind. Es mag uns folgerichtig erscheinen, den Glauben in einer solchen Situation aufzugeben. Wir wären nicht überrascht, wenn sich diese Menschen mitten in ihren Schwierigkeiten von Gott abwenden oder sich irgendeiner Sucht hingeben würden, um sich besser zu fühlen. Leider ist es ja genau das, was so viele tun, wenn es hart auf hart kommt.

Wenn unser Leben schwer wird, geraten wir fast immer in Versuchung, den Feind an unserem Tisch willkommen zu heißen. Doch sobald wir erkennen, dass Jesus uns einlädt, ihm zu folgen, *obwohl* das Leben schwer ist, entdecken wir die grundlegende Wahrheit, durch die wir den Kampf um unser Denken gewinnen.

Das ist die Tiefe des Glaubens, die wir überall in der Bibel finden. Drei junge Hebräer namens Schadrach, Meschach und Abed-Nego verehrten Gott in einer Zeit, in der König Nebukadnezar befohlen hatte, dass alle eine riesige goldene Statue seiner selbst anbeten sollten. Die drei hatten es sich zum Ziel gesetzt, der Berufung Gottes für ihr Leben zu folgen. Als die Musik ertönte (das Signal für alle niederzufallen und die goldene Statue anzubeten), blieben Schadrach, Meschach und Abed-Nego standhaft. Wegen ihrer aufrichtigen Haltung wurden sie in einen brennenden Ofen geworfen. Was dachte sich Gott dabei? Das machte doch bestimmt keinen Sinn! Sie hatten nichts Böses getan. Hätten sie nicht für ihr gerechtes Leben belohnt werden müssen? Müsste Gott nicht *für sie* statt gegen sie sein?

Der Glaube Schadrachs, Meschachs und Abed-Negos brach nicht in sich zusammen. Er wurde nur noch größer. Selbst angesichts des brennenden Ofens konnten sie zum König sagen: »Unser Gott, dem wir dienen, kann uns aus dem Feuer und aus deiner Gewalt retten. Aber auch wenn er es nicht tut, musst du wissen, o König, dass wir nie deine Götter anbeten oder uns vor der goldenen Statue niederwerfen werden«. (Daniel 3,17-18) Ganz gleich, ob Gott sie aus dieser Situation rettete oder ob sie durchs Feuer gehen mussten – sie würden Gott auf jeden Fall treu bleiben.

Oder nehmen wir Paulus und Silas als Beispiel. Sie landeten im Gefängnis. Worin bestand ihr Verbrechen? Sie hatten eine Sklavin von dämonischer Besessenheit befreit. Sie hatten das Richtige getan. Trotzdem bildeten die Einwohner von Philippi einen wütenden Mob und schleiften Paulus und Silas vor die Behörden. Sie wurden brutal ausgepeitscht und ins Gefängnis geworfen. Die beiden wollten mit ihrem Leben Gott ehren. Sie befanden sich auf einer Missionsreise und das kam dabei heraus? Niemand hätte ihnen einen Vorwurf gemacht, wenn sie sich vom Glauben abgewandt, sich heftig beklagt oder von irgendetwas abhängig geworden wären, um ihren Schmerz zu betäuben. Aber nein. Es war Mitternacht. Ihre Füße waren in einem Holzblock eingeschlossen, ihr Rücken blutig und wund. Doch Paulus und Silas beteten und sangen Loblieder. (Apostelgeschichte 16,16-40) Das ist ein Glaube, der in schweren Zeiten wächst.

Ich schaue mir Paulus und Silas, Schadrach, Meschach und Abed-Nego an und all die anderen aus der Bibel, die Zeiten großer Not erlebten und deren Glaube daran wuchs. Es versetzt mich in Staunen. Der Prophet Habakuk beschreibt diese Art von Haltung, wenn er ruft:

> Noch trägt der Feigenbaum keine Blüten, und der Weinstock bringt keinen Ertrag, noch kann man keine Oliven ernten, und auf unseren Feldern wächst kein Getreide; noch fehlen Schafe und Ziegen auf den Weiden, und auch die Viehställe stehen leer. Und doch will ich jubeln, weil Gott mich rettet, der Herr selbst ist der Grund meiner Freude!
>
> Habakuk 3,17-18

Der letzte Satz ist das Kennzeichen eines riesigen Glaubens. Haben Sie die vier wichtigen Worte bemerkt, mit denen er beginnt?

Und doch will ich …

Im Grund genommen sagt Habakuk: »*Auch wenn* es keine Ernte gibt, *auch wenn* nichts auf unseren Feldern wächst, *auch wenn* unsere Vorratskammern leer sind, *will ich dennoch* fröhlich sein und mich freuen, weil Gott, der Herr, mein Retter ist. Ich habe meinen Glauben nicht verloren. Im Gegenteil – er ist gewachsen. Ich werde immer noch über Gott jubeln. Ich werde ihn weiter anbeten. Ich lasse mich nicht vom Weg abbringen durch Einstellungen oder Handlungen, die mir schaden. Wenn ich durch schwere Zeiten gehe, wird mein Glaube nur noch größer.«

Diese beiden Sätze beschreiben ein Verhältnis von Ursache und Wirkung, das uns zum Vorbild werden kann. *Obwohl* etwas Schlimmes passiert, *will ich dennoch* weiter den Herrn preisen. Obwohl etwas Schlimmes passiert, *will ich dennoch* die Hoheit über meine Gedanken nicht dem Feind überlassen.

Einen solchen Glauben sehe ich auch bei Jay und Katherine Wolf. Während ich dieses Kapitel schrieb, erhielten sie die Nachricht, dass neue Untersuchungen nötig würden, um verschiedene neurologische Probleme zu klären, die bis dahin unentdeckt geblieben waren. Je nachdem, was dabei herauskam, würde dies neue Herausforderungen für die beiden mit sich bringen. Sie baten meine Frau Shelley und mich um Fürbitte, bevor die Untersuchungen stattfanden. Als wir unser Gebet beendet hatten, betete Katherine für uns, denn Shelley und ich befanden uns gerade auch mitten in einem Sturm. In ihrem Gebet zitierte Katherine Habakuk 3,17-18. Wir sagten Amen und ich erzählte Katherine, dass ich gerade etwas über genau diese Verse schrieb.

Sie sagte: »Ich liebe besonders den letzten Vers des Kapitels: ›Ja, Gott, der Herr, macht mich stark; er beflügelt meine Schritte, wie ein Hirsch kann ich über die Berge springen‹. (Vers 19) An diese Worte habe ich mich geklammert, als ich wieder laufen lernte.« Im Jahr 2009, als Katherine von ihren Ärzten eine ziemlich pessimistische Diagnose erhielt, formulierte sie diese Bibelverse um und bezog sie auf ihre persönliche Situation:

> Obwohl ich nicht laufen kann und an den Rollstuhl gefesselt bin,
> obwohl meine eine Gesichtshälfte gelähmt ist und ich nicht einmal lächeln kann,
> obwohl ich extrem eingeschränkt bin und mich nicht um mein Kind kümmern kann,
> will ich dennoch jubeln, weil Gott mich rettet, der Herr selbst ist der Grund meiner Freude!

Das ist nicht der Glaube eines Menschen, der nur dann auf Gott vertraut, wenn die Sonne scheint. Es ist kein Glaube, der unter Belastungen zusammenbricht. Dieser Glaube blüht auf, selbst wenn der Druck groß ist. Dieser Glaube sagt: *Auch wenn etwas Schlimmes passiert, werde ich dennoch den Herrn preisen.*

Wie könnten Sie das Gebet von Habakuk an Ihre persönliche Situation anpassen?

> Auch wenn ich finanziell stark unter Druck stehe …
> Auch wenn mein Ehepartner gerade mit jemand anderem zusammen ist …
> Auch wenn wir uns in einer globalen Krise befinden …
> Auch wenn ______________________ …
> will ich dennoch jubeln, weil Gott mich rettet, der Herr selbst ist der Grund meiner Freude!

Diese Art von »Dennoch-Glaube« verändert das Klima und den Verlauf unseres Lebens zum Positiven. Wenn der Druck steigt, bricht dieser Glaube nicht in sich zusammen. Er wird stärker. Er wird kühner. Entschlossener und unerschrockener. Widerstandsfähiger.

> Ein »Dennoch-Glaube« verändert das Klima und den Verlauf unseres Lebens zum Positiven. Wenn der Druck steigt, wird er stärker.

Ob wir einen solchen »Dennoch-Glauben« entwickeln, hat viel damit zu tun, worauf wir unsere Aufmerksamkeit richten. Wir können in Jesu Namen und Kraft zu einem solchen Glauben gelangen. Dieser ist die Grundvoraussetzung dafür, dass wir dem Feind keinen Platz an unserem Tisch anbieten. Damit das gelingt, müssen wir unser Denken in einer wohlbekannten, aber meist nicht in Anspruch genommenen biblischen Verheißung verankern.

EIN ALTES LIED SCHENKT NEUE KRAFT

Wenn ich Sie fragen würde, welcher der bekannteste Bibeltext ist, würden Sie vielleicht Johannes 3,16 anführen. Vielleicht haben Sie diesen schon auf Plakaten oder auf den Trikots von christlichen Sportlern gesehen. Ich selbst bin jedoch der Auffassung, dass Psalm 23 noch berühmter ist. Man hört ihn bei Hochzeiten und Beerdigungen. Es wird über ihn gepredigt, er wird in Gemälden und Skulpturen verewigt. Er taucht in allen sozialen Medien in Form von Memes auf. Anspielungen auf ihn finden sich in Filmen wie *Pale Rider und Titanic.* Zahlreiche Lieder beschäftigen sich mit ihm – von Bach und Schubert über Choräle und modernen Lobpreis bis hin zu Coolios »Gangsta's Paradise«.

Psalm 23 ist tief mit unserer Kultur verwoben. Und doch: Wenn Sie einen ähnlichen kirchlichen Hintergrund haben wie ich, werden Sie wahrscheinlich erst einmal die Spinnweben beseitigen müssen. Denn die Erwähnung von Psalm 23 führt in der Regel dazu, dass wir die berühmten Worte herunterrattern, ohne viel darüber nachzudenken.

> Der Herr ist mein Hirte, mir wird nichts mangeln. Ja, alles klar. Die grüne Aue. Das frische Wasser. Das finstere Tal. Der Stecken und der Stab. Das Öl auf dem Kopf. Hab ich alles verstanden.

Wir müssen jedoch alle unsere zahmen, vielleicht noch vom Kindergottesdienst geprägten Gedanken hinsichtlich dieses Psalms über Bord werfen, denn er ist in Wirklichkeit von höchster Bedeutung für das, was wir heute in unserer Kultur erleben. Genau hier, genau jetzt. Und vielleicht sollten wir Gott bitten, die Erinnerung an das liebliche Bild von Jesus und der Schafherde, das im Schlafzimmer unserer Großmutter hing, aus unseren Gedanken zu verbannen. Denn weniger Liebliches als vielmehr eine unglaublich kraftvolle Verheißung steckt im Psalm vom Guten Hirten.

Der Psalm beschreibt Gott als unseren persönlichen, aufmerksamen Hirten, der sich behutsam um seine Schafe kümmert, aber robust genug ist, sie gegen Angriffe zu verteidigen. Dieser Hirte sorgt dafür, dass wir zur Ruhe kommen und gut versorgt sind. Aber er schlägt auch all jene zurück, die unsere Sicherheit und unser Wohlergehen bedrohen. Am deutlichsten erkennen wir ihn in der Person von Jesus Christus.

In Johannes 10,1-16 legt Jesus dar, dass er selbst der Gute Hirte ist. Er kennt seine Schafe – uns. Er schützt uns vor Dieben und Räubern. Sogar sein Leben opfert er für uns. Er führt uns und wir können seiner Stimme lauschen und sie erkennen. Johannes 10 stellt Jesus als den Guten Hirten aus Psalm 23 dar. Was dort für die Eigenschaften und das Handeln des göttlichen Hirten gilt, das gilt auch für den Hirten Jesus. Das wissen wir deshalb, weil es in Hebräer 13,8 klar heißt: »Jesus Christus ist und bleibt derselbe, gestern, heute und für immer.« Und so lautet die unglaubliche Einladung von Jesus an uns: *Ich möchte dein Guter Hirte sein.* Er ist ein persönlicher Gott, der in unser Leben eingebunden sein und für uns sorgen will. Sollten wir nicht einmal innehalten und uns diese Realität vor Augen halten? Der Gute Hirte, der rein zufällig auch Gott ist, bietet uns an, uns in jedem Augenblick unseres Lebens zu führen!

> Gestatten wir es Jesus, uns wie ein Hirte zu führen. Denn wenn wir unser eigener Hirte sein wollen, leiden wir Mangel.

Es geht also vor allem darum, dass wir es Jesus gestatten, uns wie ein Hirte zu führen. Denn wir alle werden von irgendetwas oder irgendjemand geleitet, ob wir es wissen oder nicht. Es kann sein, dass unser Hirte nicht Jesus ist. Aber wir werden trotzdem von irgendetwas geführt. In 2. Petrus 2,19 heißt es: »Von wem ich mich überwältigen lasse, dessen Gefangener werde ich.« Vielleicht ist es unsere Kultur, die uns führt. Wir lassen uns von den Hymnen dieser Welt regieren. Wir gehen mit allem mit, was in den sozialen Medien gerade angesagt ist, und lassen uns davon bestimmen.

Manche unter uns meinen: *Nein, ich habe keinen Hirten. Niemand führt mich. Ich sage, wo es langgeht. Die Entscheidungen treffe ich allein.* Na schön – in diesem Fall sind wir unser eigener Hirte. Wir führen uns selbst. Wir verlassen uns darauf, dass wir allein den Weg zum frischen Wasser und zur grünen Au finden. Doch eines ist klar: Wenn wir unser eigener Hirte sind, dann leiden wir sehr wahrscheinlich Mangel. Wenn Menschen die Zügel ihres Lebens selbst in die Hand nehmen, endet es leider damit, dass für sie Psalm 23 so klingt:

Ich bin mein eigener Hirte,
und es läuft gar nicht gut für mich.
Mir mangelt es an allem Möglichen. Das steht fest.
Ich würde das frische Wasser nicht einmal erkennen, wenn ich es direkt vor der Nase hätte.
Ich habe schon lange auf keiner grünen Aue mehr geruht.
Ich gehe nicht auf rechter Straße, aber ich weiß, was Furcht und Bosheit bedeuten.
Ich lasse mich von allem trösten, was ich finden kann.
Meine Feinde kann ich nicht ausstehen. Ich will sie am liebsten verletzen.
Voll eingeschenkt ist mein Becher auf jeden Fall, denn ich bin randvoll mit Angst und werde von Zorn, Trauer und Wut verzehrt. Ja, ich bin so voll, dass ich leicht überlaufe.
Ich bin so geladen, dass es nicht viel braucht, damit ich explodiere.

Ich habe keine Ahnung, was mir mein Leben lang folgen wird, aber eines kann ich dir sagen: Um meine Seele steht es nicht gerade gut.

Wenn wir es aber zulassen, dass Jesus unser Hirte ist, dann kommt er in unseren stressvollen Alltag und in unsere ruhelose Kultur hinein und führt uns so, dass wir neu gestärkt und erfüllt werden. Er leitet uns, er wacht über uns und schenkt uns Ruhe. Jesus gibt unserem Leben Sinn. Er zeigt uns, wie wir mit unseren Feinden so umgehen können, dass sie uns nicht innerlich zerreißen. Jesus schenkt uns Hoffnung und eine Zukunft; er heilt unsere Seele. Er schenkt uns seine Güte und Liebe für heute, für morgen und für alle restlichen Tage unseres Lebens. Ja, er schenkt uns sogar die Ewigkeit mit ihm zusammen im Paradies.

All dies findet sich in den Verheißungen von Psalm 23. Wenn Sie sich bisher noch nicht von Jesus haben führen lassen, warum nicht heute damit anfangen? Wenn Sie es tun, wird es Ihnen an nichts mangeln. Und Ihr Leben wird sich zum Guten verändern.

Doch eines sollte noch erwähnt werden: Wenn Sie Jesus gestatten, Sie zu leiten, geht es nicht nur darum, dass Jesus Ihnen Gutes schenkt oder etwas Hilfreiches für Sie tut. In Psalm 23 sehen wir: Wenn der Gute Hirte Sie führen soll, bedeutet dies, dass Sie zunächst etwas tun müssen.

WARUM ES GUT IST, GEFÜHRT ZU WERDEN

Kommt gar nicht infrage, werden Sie vielleicht sagen. Hier steige ich aus. Wir sind gerade erst im zweiten Kapitel angekommen, und schon will Jesus, dass ich etwas tue.

Doch warten Sie erst einmal. Der Auftrag, den wir bekommen, zeigt nämlich ganz grundlegend auf, was es bedeutet, wenn Jesus für uns sorgt. Er liebt uns so sehr, dass er von uns etwas Wichtiges verlangt, obwohl wir selbst gar nicht so genau wissen oder wissen wollen, wie das geht. Aber es wird uns gefallen. Wörtlich heißt es nämlich in Vers 2: »Er lagert mich auf grünen Auen.«

Natürlich können wir uns auch auf einen felsigen Untergrund legen, wenn wir das wollen. Oder in die Hitze und den Dreck. Aber Jesus sagt: *Leg dich auf die grüne Wiese. Ruh dich aus. Versuch nicht, all die Ergebnisse selbst zu beeinflussen. Mach eine Pause mitten in deinem verrückten Alltag und erkenne an, dass ich ein Guter Hirte bin und dein Bestes im Sinn habe. Und übrigens, wo du schon daliegst, iss doch auch ein bisschen von dem grünen Gras. Gestatte mir, dass ich deiner Seele Nahrung gebe. Denn das ist die Art, wie ich wirke. Ich liebe dich und kümmere mich um dich, und alle Weisungen, die ich dir gebe, sind gut für dich.*

Wenn Gott uns als seine Schafe bezeichnet, dann spiegelt sich darin wider, wie wir gestrickt sind. Es ist nicht unbedingt ein Kompliment. Schafe brauchen Führung. Gott will uns mit diesem Vergleich nicht sagen, dass wir süß und kuschlig sind, sondern dass wir die Dinge nicht mit dem nötigen Urteilsvermögen betrachten. Wir ruhen uns nicht einmal aus, wenn wir es sollten. Wenn es um Entscheidungen geht, die unserem Wohlbefinden dienen, sind wir nicht gerade wahnsinnig intelligent.

Der Gute Hirte führt uns zum frischen Wasser. Wörtlich übersetzt hieße es »zum stillen Wasser«. Ahnen Sie, warum er das tut? Weil Schafe sich selbst nicht gut einschätzen können. Wenn ein Schaf einen Fluss mit starker Strömung sieht, meint es, dies sei ein guter Ort, um den eigenen Durst zu stillen. Es denkt nicht darüber nach, dass es sozusagen in fünf dicke Wollpullover gekleidet ist. Der Anblick von Wasser versetzt es in solche Begeisterung, dass es sofort seinen Kopf in den reißenden Fluss steckt. Die fünfzehn Pfund Wolle saugen sich mit Wasser voll. Und platsch – landet das Schaf im Fluss und treibt auf die Stromschnellen zu. Hilfe suchend schaut es sich nach dem Hirten um – määääh!

Glücklicherweise hat der Gute Hirte einen Hirtenstab dabei, einen langen, dicken Stock mit einem Haken am Ende. Sobald wir uns auf etwas zubewegen, das auf den ersten Blick gut aussieht, uns aber schlussendlich ins Verderben führt, zieht Jesus uns wieder dorthin zurück, wo wir in Sicherheit sind. Vorausgesetzt natürlich, wir lassen ihn das tun. Gott zwingt uns nicht dazu, ihm zu folgen. Manchmal bekommen wir am reißenden Fluss nur eine nasse Nase, weil Jesus uns schnell wieder einfängt. Manchmal wehren wir uns gegen den Hirtenstab und springen, ohne zu zögern, in den Fluss. Und dann geraten wir in die Stromschnellen, sind mit unserem vollgesogenen Fell viel zu schwer und werden vom Gewicht unserer törichten Entscheidungen hinuntergezogen. Wir haben dem Hirten schon so lange den Rücken gekehrt, dass der Fluss uns nun fortspült und ins Verderben reißt. Wir treiben aufs offene Meer zu.

Ich weiß, dass ich einen Guten Hirten brauche. Ich bin zwar seit vielen Jahren Christ, aber ich bin mir auch dessen bewusst, dass ich die Führung meines Lebens immer wieder an Gott abgeben muss. Viel zu sehr neige ich dazu, meinen Kopf in irgendeinen reißenden Fluss zu stecken, der für mich verlockend aussieht. Die Entscheidungen, die ich treffe, sind nicht immer so intelligent, wie ich meine. Ich ruhe mich meistens nicht auf grünen Wiesen aus, darum bin ich dankbar, dass mein Guter Hirte mich dazu auffordert. Ich brauche seine Nähe und ich habe es nötig, auf seine Stimme zu hören, wenn er sagt: *Nein, Louie, hier trinken wir nicht. Wir begeben uns nicht an den Rand der Niagara-Fälle, um dort unseren Durst zu stillen. Komm lieber hierher zu diesem ruhigen Teich. Trink an diesem stillen Gewässer – und lebe.*

Uns zu einem ruhigen Gewässer zu führen ist eine der Hauptaufgaben des Hirten, und das ist ein wichtiger Punkt, den ich in diesem Buch ausführen möchte – denn es geht darum, die Schlacht zu gewinnen, die um unser Denken tobt. Darum erwähne ich diesen Gedanken bereits in diesem Kapitel. Um es mit einem einzigen Wort auszudrücken: Der Gute

Hirte ist … *gut*. Weil Jesus uns so sehr liebt, hat er bei allem, was er tut, letztendlich immer unser Wohlergehen im Blick. Die Güte Gottes findet sich in allem, was er ist, sagt und tut.

Allerdings möchte ich mich in meinen Ausführungen eher auf den mittleren und letzten Teil von Psalm 23 konzentrieren, weil wir hier auf den bereits erwähnten »Dennoch-Glauben« hingewiesen werden. Wenn dieser Glaube in uns wächst, verändert sich unser Leben zum Guten. In Vers 4 finden wir diesen Gedanken und er gibt den Tenor der folgenden Verse vor: *»Und ob* ich schon wanderte im finstern Tal, fürchte ich kein Unglück.«

Erkennen Sie den »Dennoch-Glauben« in diesem berühmten Vers wieder? Es ist erstaunlich, dass der Gute Hirte mit uns durch das finstere Tal des Todes geht. Gott ist bei uns auch in höchster Not. Er steht uns bei, wenn ein geliebter Mensch krank wird. Wenn wir jemanden, der uns sehr wichtig war, beerdigen müssen. Er ist uns nahe, wenn unser Herz gebrochen wird. Wenn wir etwas Gutes verlieren, auf das wir gehofft haben. Vielleicht erleben wir, wie eine Beziehung zerbricht oder ein Traum zerplatzt. Wir haben uns für einen Ausbildungsplatz beworben, aber es hat nicht funktioniert. Wir wollten einen bestimmten Job, aber wir haben ihn nicht bekommen. Wir dachten, jemand interessiere sich für eine feste Beziehung mit uns, aber dann stellte sich heraus, dass die Person einfach nur so mit uns befreundet sein wollte. Wir wünschten uns ein Kind mit unserem Ehepartner, doch dann schloss sich das Zeitfenster.

Im finsteren Tal können wir jeden erdenklichen Verlust erleiden. Verluste sind Teil unserer Lebensgeschichte. Wir alle durchleben Zeiten der Trauer, Enttäuschung und Entmutigung. Und deshalb ist es so entscheidend, dass König David, *obwohl* er so große Not durchlebte, *dennoch* sagte: »Ich fürchte kein Unglück.« Der Gute Hirte war da, um ihn zu leiten und ihn zu trösten. So wie wir das Gebet Habakuks für unser persönliches Leben formulieren können, dürfen wir es auch mit diesem Psalm tun.

Wie aber können wir ehrlich sagen, dass wir uns nicht fürchten? Die Antwort finden wir im zweiten Teil von Vers 4. Wir werden nicht alle unsere Probleme lösen können. Wir können nicht alle Schwierigkeiten vermeiden, die uns begegnen. Dennoch brauchen wir kein Unglück zu fürchten, denn der Gute Hirte ist mit uns. Sein Stecken und Stab trösten uns. Diesen Gedanken sollten wir nicht rasch überfliegen. Wir sollten ihn uns genauer anschauen. Sorgfältig.

Gott der Allmächtige *ist bei uns.*

Ganz gleich, welche Schwierigkeiten Sie gerade durchleben, die gute Nachricht lautet nicht nur, dass Gott Ihnen helfen wird. Die Botschaft lautet vielmehr, dass Gott *bei Ihnen ist.* Er ist bei Ihnen in Krankheit. Er steht neben Ihnen am Grab. Er ist bei Ihnen, wenn Ihre Bewerbung abgelehnt wird. Wenn Sie eine schlechte Nachricht bekommen. Bei der Chemotherapie. In jedem Sturm, bei jedem Windstoß, in der Anfechtung, im tiefen Tal. Gott, der Allmächtige, – Ihr Guter Hirte – ist bei Ihnen mitten in den Schwierigkeiten, die Sie durchleben müssen. Diese Erkenntnis verändert einfach alles, sie verändert auch unser Gebet. Wir müssen dann nämlich nicht mehr bitten: *Gott, ich befinde mich mitten im Sturm – bitte hilf mir,* sondern: *Gott, ich befinde mich mitten im Sturm. Danke, dass du bei mir bist. Du stärkst mir den Rücken. Wie können wir das gemeinsam bewältigen?*

Gott, der Allmächtige, – Ihr Guter Hirte – ist bei Ihnen mitten in den Schwierigkeien, die Sie durchleben müssen.

Friede, ein innerer Sieg und Freiheit stellen sich nicht ein, wenn wir nur dasitzen und uns wünschen, wir hätten keine Probleme und kein Leid. Nein, die Realität ist, dass wir alle durch ein finsteres Tal geführt werden, wie auch immer dieses aussieht. Jesus verspricht uns in Psalm 23, dass wir Frieden, den inneren Sieg und die Freiheit *mitten* in Problemen, Leid und Verlust erfahren werden. So entwickelt sich unser »Dennoch-Glaube«. Wir leben, indem wir wissen, dass Gott, der Allmächtige, mitten in einer zerbrochenen Welt bei uns ist.

EIN GEDECKTER TISCH MITTEN IN KONFLIKTEN

Der fünfte Vers von Psalm 23 ist einer der kraftvollsten in der ganzen Bibel. Wir werden uns ihm in weiten Teilen dieses Buches widmen, und zwar in immer größer werdenden Kreisen. Ein paar Gedanken, die zu diesem Punkt führten, möchte ich Ihnen hier schon einmal vor Augen führen. Der Vers nimmt nämlich eine schöne Wendung. Es heißt hier ja: *Du bereitest vor mir einen Tisch im Angesicht meiner Feinde.*

Ich bin mir sicher, dass ich diesen Vers anders formuliert hätte, wenn der Psalm von mir wäre. Dass Gott einen Tisch für mich deckt, finde ich einfach wunderbar. Allerdings müsste es meiner Meinung nach ein Tisch *im Angesicht Gottes sein.* Nicht im Angesicht meiner Feinde. Also wirklich, Gott – wenn ich das geschrieben hätte, dann hättest du mir einen Tisch am Fenster gedeckt, damit ich während des Essens zuschauen kann, wie du meine Feinde besiegst! Wirf sie hier raus. Ich will meine Feinde nicht in der Nähe haben, wenn ich esse – schon gar nicht beim Dessert.

Aber so steht es nicht in Psalm 23,5. Gott hat den Tisch mitten in der Schlacht gedeckt. Er ist beladen mit den herrlichsten Delikatessen – alles wirklich gute Nahrung für uns –, und doch steht der gedeckte Tisch mitten in dem Raum, wo die Chemotherapie stattfindet. Gott hat das Silberbesteck aufgelegt und uns eingeladen, mit ihm zu speisen – und doch steht der Tisch genau dort, wo unsere Familie gerade auseinanderbricht. Dort, wo die beruflichen Belastungen sind. Die spannungsreichen Beziehungen. Mitten im Zentrum des Leids und der Konflikte, der Missverständnisse und Anfeindungen, der Depression und des Todes. Was auch immer es ist, womit wir zu kämpfen haben – der gedeckte Tisch steht mitten im Geschehen, im Epizentrum des Konflikts.

Haben Sie den Tisch jetzt gerade vor Augen?

Manchmal verwendet die Bibel den Begriff *Tisch* als bildhaften Ausdruck für Gottes Heil, seinen Frieden und seine Gegenwart. Jeder jüdische Zuhörer wusste sofort, was es bedeutete, von jemandem an dessen Tisch eingeladen zu werden, vor allem wenn es sich dabei um den Tisch des Herrn handelte. In früheren Zeiten, bevor Jesus Mensch wurde und uns als Retter und Freund begegnete, wurde Gottes Gegenwart auf verschiedene Weisen deutlich. Als Wolke. Als Feuer. Als Rauch, der den Raum erfüllte. Im Verlauf der Geschichte Gottes mit seinem Volk wies er dieses an, ihm ein heiliges Zelt zu errichten. An diesem Ort durfte der sündige Mensch dem heiligen Gott begegnen. In diesem Zelt stand unter anderem ein Tisch und darauf befand sich das Brot der Gegenwart Gottes. »Und du sollst auf den Tisch Schaubrote legen, die vor meinem Angesicht sind allezeit.« (2 Mose 25,30)

> Was auch immer es ist, womit wir zu kömpfen haben – der gedeckte Tisch steht mitten im Geschehen, im Epizentrum des Konflikts.

Heute lädt uns derselbe heilige Gott dazu ein, mit ihm zu speisen, und diese Einladung hat einen hohen Preis: Jesus. Die Erlösung ist vollendet, wenn die Abtrünnigen von nun an Gemeinschaft mit Gott haben und das Fest mit ihm gemeinsam genießen. In Jesaja 25,6 heißt es: »Auf dem Berg Zion wird der Herr, der allmächtige Gott, alle Völker zu einem Festmahl mit köstlichen Speisen und herrlichem Wein einladen.« Und in Lukas 13,29 lesen wir: »Aus der ganzen Welt, aus Ost und West, aus Nord und Süd, werden die Menschen kommen und in Gottes Reich das Freudenfest feiern.«

Alle sind am Tisch des Heils Gottes willkommen. Der Tisch, der in Psalm 23,5 beschrieben wird, ist jedoch ein Tisch der Gemeinschaft. Er ist nur für Sie und den Guten Hirten bestimmt. Doch keine Sorge! Diese Einladung ist nicht so exklusiv, dass nur eine einzige Person von Gott zu Tisch gebeten wird. Sie ist nur in dem Sinne exklusiv, dass jeder, der vom Guten Hirten geführt wird, an Gottes Tisch zum Essen eingeladen wird. Der Feind ist hier nicht willkommen. Wenn Sie

Christus nachfolgen, dann hat Gott einen solchen Tisch für Sie gedeckt.

Stellen wir uns diesen Tisch einmal gemeinsam vor. Zwei Plätze befinden sich einander gegenüber. Der Gute Hirte steht auf der einen Seite des Tisches, Sie auf der anderen. Bevor Sie beide Platz nehmen, lassen Sie Ihren Blick über das Mahl gleiten, das vor Ihren Augen aufgetragen ist. Ihr Tisch wird anders gedeckt sein als meiner. Natürlich ist es der Tisch des Herrn, aber er hat ihn extra für Sie gedeckt. Mit all dem, was Sie besonders gern essen. Ein gutes Essen. Ein gesundes Essen. Reichhaltig. Mehr als genug. Sie müssen nicht alles aufessen. Es ist keine Einladung zur Völlerei, sondern ein wahres Fest, das Ihre tiefsten Sehnsüchte stillt. Auf dem Tisch befindet sich ein Mahl, das Sie satt und zugleich frei macht.

Die Ihnen am nächsten befindliche Platte ist mit leckeren Früchten als Vorspeise beladen. Sie sehen sonnenverwöhnte Erdbeeren vor sich. Saftige Wassermelonen. Reife Trauben. Frische Äpfel.

In einer Schüssel werden Salate angeboten. Ein knackiger Romana mit einem Dressing aus nativem Olivenöl, fein gehobeltem Parmesan und frisch gemahlenem Pfeffer. Bestreut mit knusprigen Croutons, die von einem frisch gebackenen Brotlaib stammen. Sie mögen keinen Caesar-Salat? Vielleicht lieber einen nach Art des Hauses mit frischen Tomaten und Gurken? Daneben eine üppige Wurstplatte?

Ein himmlisches Aroma breitet sich aus und steigt Ihnen in die Nase. Auf einer weiteren Platte befindet sich das Hauptgericht. Für die Fleischesser ist es ein gegrilltes Steak – goldbraun, außen knusprig, innen medium, einfach verführerisch. Oder eine frische Forelle, wenn Ihnen das lieber ist. Für die Vegetarier ist Pasta angerichtet: Orecchiette in Broccoli-Rahmsoße. Oder gefüllte Paprika nach mexikanischer Art. Leckere Enchiladas mit schwarzen Bohnen. Heiß serviert und appetitlich dekoriert.

Ach ja, hatte ich das Dessert schon erwähnt? Käsekuchen.

Heißer Apfelstrudel mit cremigem Vanilleeis. Schwarzwälder Kirschtorte. Brownies. Donuts mit verschiedenen Glasuren. Kokos-Cremetorte.

Gerade wollen Sie sich auf das leckere Essen stürzen – Sie und der Gute Hirte stehen noch hinter Ihren Stühlen –, da merken Sie plötzlich, dass Sie nicht allein sind. Am Tisch befinden sich zwar nur Sie selbst und der Gute Hirte, aber um Sie herum stehen eine Menge Leute. Sie gehören zu den Besonderheiten des Festmahls, denn es handelt sich hier um Ihre Feinde, die anscheinend immer noch in Sichtweite sind. Und ganz und gar nicht glücklich darüber, dass Sie hier sind. Sie schauen finster drein. Beschimpfen Sie. Kritisieren Sie. Sagen Dinge über Sie, die nicht wahr sind. Sie wollen Ihre Bemühungen untergraben. Sie sind voller Hass. Manche würden Sie am liebsten von hinten erstechen.

Diese Leute, von denen Sie umringt sind, stehen stellvertretend für Ihre Not. Ihre Probleme. Ihre Belastungen. Sie sind umzingelt von Katastrophen, Druck, Angst, Abhängigkeiten, Trennungen, Depressionen, zerbrechenden Familien, von allen Arten des Schmerzes. Und dann geschieht das Undenkbare. Mitten in all dem Unglück und Stress ruft der Gott des Himmels Sie mit Namen und sagt: »Bitte, nimm doch Platz.«

An diesem Punkt denken wir vielleicht, es sei doch völlig klar, dass wir das Angebot des Guten Hirten annehmen. Aber heutzutage, in dieser schnelllebigen Gesellschaft, können Sie und ich uns da nicht mehr so sicher sein. Es ist sogar viel wahrscheinlicher, dass wir uns für ein großartiges Social-Media-Foto in Szene setzen. Wir klettern auf einen Stuhl, um den richtigen Winkel zu bekommen, und posten das Bild dann in unserem Feed unter dem Titel: »Hatte heute ein krasses Dinner mit meinem König.« Wir haben nur die Zeit für diesen kurzen Schnappschuss, dann holen wir uns schnell einen Coffee to Go und eilen zu unserem nächsten Termin. »Vielen Dank, Jesus! Du bist echt der Beste. Ich liebe dich dafür. Aber das ist alles wirklich viel zu viel. Ich muss schnell los zu einem Meeting, ich ruf dich später noch mal an. Versprochen.«

Aber es könnte auch anders verlaufen. Der Gute Hirte und Sie nehmen Platz.

»Hast du Durst?«, fragt er und füllt Ihr Glas mit dem frischesten Wasser.

Verblüfft und verwundert versuchen Sie zu verarbeiten, was da gerade passiert. *Schenkt der Gott des ganzen Universums mir hier gerade ein Glas Wasser ein?* Sie beißen in eine Erdbeere. Sie nehmen sich von dem heißen Kartoffelgratin und probieren den ersten Bissen von dem saftigen Steak.

Das ist das Bild des »Dennoch-Glaubens«. *Obwohl ich von Feinden umgeben bin, hat Gott dennoch für mich den Tisch gedeckt und ich werde mit ihm gemeinsam dort Platz nehmen.*

Gott ist nicht knauserig. Er besitzt keine geizige Mentalität, sondern eine äußerst großzügige, und alles schmeckt so wunderbar, wie es aussieht. Sie essen und essen und essen, und es ist eine herrliche Mahlzeit. Das ist eine Erfahrung, die Sie immer wieder machen dürfen, in jedem Moment, für den Rest Ihres Lebens. Diese Mahlzeit steht im Mittelpunkt Ihrer persönlichen Beziehung zu Gott dem Allmächtigen. Er verspricht uns nicht, den Konflikt zu beseitigen. Er entreißt uns nicht der Realität unserer Schwierigkeiten. Aber er hat versprochen, vor uns einen Tisch im Angesicht unserer Feinde zu bereiten.

Doch eines sollten wir dabei nicht vergessen: Trotz des herrlichen Essens, auf das wir uns stürzen dürfen, geht es hier nicht um das, was auf dem Tisch steht. Das wahre Wunder dieser Mahlzeit ist nicht das Essen.

Es ist derjenige, der mit uns am Tisch sitzt.

EINE MAHLZEIT MIT DEM ALLMÄCHTIGEN GOTT

Auf den folgenden Seiten soll es darum gehen, wie sich unser Leben zum Positiven verändert, wenn wir erkennen und annehmen, dass Gott uns an seinem Tisch versorgt. Das Gute, das daraus entsteht, ist real und von großer Bedeutung, zum Beispiel der Sieg über die Sünde und ein klarer Verstand; Freiheit von Zwängen und die Fähigkeit, unsere Ängste zu kontrollieren. Dennoch ist es wichtig, sich von Anfang an klarzumachen, dass das größte Geschenk für uns nicht in dem besteht, was Gott uns gibt. Es ist Gott selbst. Das ist die starke Botschaft, die im Zentrum dieses Buches stehen soll. Gott sitzt mit uns am Tisch. Gott geht mit uns durch das finstere Tal. Wir sind zu einer Beziehung mit dem allmächtigen Gott eingeladen.

Das größte Geschenk für uns besteht nicht in dem, was Gott uns gibt. Es ist Gott selbst.

Das hier ist kein Ratgeber, der ihnen den Weg in ein schmerzfreies Leben in drei Schritten aufzeigt. Es ist ein Buch der Anbetung, wo wir Jesus auf eine neue und biblische Art zu sehen lernen und ihm, dem großen König, mit neuer Ehrfurcht begegnen. Wir erkennen, dass unsere Identität in Jesus verwurzelt und gegründet ist, und unser Leben verändert sich, weil der Gute Hirte uns bei jedem Schritt auf diesem Weg führt.

Wie schnell vergessen wir oder erkennen es erst gar nicht, mit wem wir hier Tischgemeinschaft haben. Wissen Sie, wer Ihnen hier gegenübersitzt? Lassen Sie uns bei diesem Gedanken eine Zeit lang verweilen, damit wir dessen enorme Bedeutung erfassen können. Denn in 1 Timotheus 1,17 wird Gott als »der ewige König, der unsterblich und unsichtbar ist, der alleinige Gott« beschrieben.

Und er sitzt mit Ihnen am Tisch.

Der Apostel Paulus beschreibt unseren Tischpartner in Römer 11,33 und 36 mit folgenden Worten: »Wie groß ist doch

Gott! Wie unendlich sein Reichtum, seine Weisheit, wie tief seine Gedanken! Wie unbegreiflich für uns seine Entscheidungen und wie undurchdringlich seine Pläne! … Denn alles kommt von ihm, alles lebt durch ihn, alles vollendet sich in ihm. Ihm gebühren Lob und Ehre in alle Ewigkeit! Amen.«

Und er sitzt mit Ihnen am Tisch.

Hiob, ein geistlicher Leiter aus der Antike, beschreibt Gott mit dem Hinweis auf die Weite des Weltraums. Er sagt, die Erde sei wie über dem Nichts aufgehängt, Gott habe die Wolken mit Wasser gefüllt, und er verhülle den Vollmond mit Wolken. Gott spanne den Horizont wie einen Bogen über dem Meer und lasse die Säulen des Himmels erzittern; er bewirke, dass die Wellen des Meeres tosen, aber auch, dass der Himmel wieder klar werde. »Das alles sind nur kleine Fingerzeige«, fährt Hiob fort, »ein leises Flüstern, das wir von ihm hören! Die Donnersprache seiner Allmacht aber – wer kann sie begreifen?« (Hiob 26,14)

Und er sitzt mit Ihnen am Tisch.

Unser wahrer Lohn ist, dass wir gemeinsam mit Jesus speisen dürfen. Das Wunder und die Kraft von Psalm 23,5 liegen darin, dass es sich hier nicht nur um einen schönen Text handelt, den wir malen oder sticken und uns an die Wand hängen können. Mit uns am Tisch sitzt Gott, der Allmächtige!

Doch wie geht es nun weiter? Die Mahlzeit ist wunderbar. Nur Sie und Jesus. Sie feiern mit ihm und genießen die unbeschwerte Gemeinschaft. Ihnen gegenüber sitzt der Große König; er und nur er allein ist Ihr wahrer und bester Lohn. Sie wissen, dass er Sie liebt. Doch wie bereits erwähnt will noch jemand – Ihr größter Feind nämlich – dazukommen; er arbeitet beständig und voller Hinterlist daran, mit Ihnen an diesem Tisch zu sitzen. Definitiv ist er nicht eingeladen, aber er weiß: Wenn er die Schlacht um Ihr Denken gewinnen kann, dann kann er Sie vernichten.

Kapitel 3

Darf ich Platz nehmen?

Ich erinnere mich noch ganz genau, wie ich plötzlich feuchte Hände bekam.[2]

Meine Frau Shelley hatte Geburtstag und ich hatte ein besonderes Dinner in einem ihrer Lieblingsrestaurants geplant. Nur wir beide. Shelley hatte sich auf diesen Abend sehr gefreut und so wollte ich alles daransetzen, dass es für sie ein ganz besonderes Ereignis wurde.

Und nun hatte unser perfektes Dinner begonnen. In einer wunderbaren Stadt. In bester Stimmung. Das Essen war sensationell. Wir beide allein an einem Tisch für vier Personen. Wir waren noch mitten in unserer phänomenalen Mahlzeit, als ein mir unbekannter junger Mann auf dem Weg nach draußen an uns vorüberging und dann plötzlich stehen blieb und kehrtmachte. »Louie Giglio?«, fragte er überrascht. »Sind Sie das wirklich? Mann, ich kann es gar nicht glauben, dass ich Sie hier treffe. Vor zwei Monaten war ich auf einer Konferenz, wo Sie gesprochen haben, und Gott hat mein Leben dadurch total verändert!«

Ich schaute zu ihm auf und antwortete: »Nett, Sie kennenzulernen. Und wie toll, dass Gott so intensiv zu Ihnen gesprochen hat. Danke für's Hallosagen.«

»Ich habe mich auch gefreut, Sie kennenzulernen«, sagte der junge Mann und ging nach draußen.

Shelley und ich nahmen unser Gespräch wieder auf und genossen weiter das leckere Essen. Wenige Minuten später sah ich den jungen Mann wieder zur Tür hereinkommen. Er ging direkt auf uns zu. Rasch ließ ich meinen Blick über den Tisch gleiten. Hatte er vielleicht versehentlich seine Sonnenbrille, seinen Schlüsselbund oder seine Brieftasche bei uns liegen lassen? Sicherlich hatte er irgendetwas vergessen, als er sich mit uns unterhielt.

»Hallo«, sagte er, als er wieder an unserem Tisch stand, »ich hoffe, das klingt jetzt nicht seltsam, aber als ich rauskam und meiner Freundin erzählte, dass ich Sie getroffen hatte, da meinte sie: ›Du musst unbedingt wieder reingehen und mit ihm reden.‹ Wissen Sie, ich wollte Ihnen schon immer gerne etwas erzählen, das Gott mir seit dieser Konferenz aufs Herz gelegt hat. Und jetzt sitzen Sie hier. Wie verrückt ist das denn? Ich hätte nie gedacht, dass ich Sie einmal treffe. Darf ich mich setzen?« Ohne auf meine Antwort zu warten, nahm er sich einen der leeren Stühle an unserem Tisch.

»Wissen Sie, ich würde ja gerne hören, was Gott in Ihrem Leben bewirkt hat«, erwiderte ich rasch. »Aber können wir das vielleicht an einem anderen Tag tun? Meine Frau hat heute Geburtstag und wir wollten den Abend gemeinsam verbringen. Lassen Sie uns einen anderen Termin finden, okay?«

Der junge Mann sah Shelley nur kurz an und murmelte: »Glückwunsch!« Dann wandte er sich sofort wieder mir zu und setzte sich auf den Stuhl.

Wie bitte!?

Was passierte da gerade? Ich hatte in diesem Moment nicht viele Optionen. Und das war der Grund, warum ich feuchte Hände bekam. Mein Magen krampfte sich zusammen. Einerseits hätte ich diesen fremden Mann zur besonderen Geburtstagsfeier meiner Frau einladen können. Nur wir drei. Auf der anderen Seite fürchtete ich, dass meine nächsten Worte vielleicht ein wenig unsensibel klingen könnten.

Der springende Punkt an dieser Geschichte ist eigentlich nicht das, was sich in dem Restaurant mit dem jungen Mann ereignete (zweifellos ein total netter Kerl, der es nicht böse meinte); es geht auch nicht darum, wie Shelley und ich versuchten, uns aus dieser peinlichen Situation zu befreien. Vielmehr sollten wir unser Augenmerk auf die Geschwindigkeit richten, mit der sich das Ganze entwickelte. Es dauerte nur eine Millisekunde, bis der junge Mann sich einen Stuhl an unserem Tisch nahm. Genauso schnell kann es gehen, dass der Feind sich zu uns an den Tisch setzt. Noch bevor wir mit dem Finger schnippen können, nimmt er sich – wenn wir nicht aufpassen – einen Stuhl an dem Tisch, den unser Hirte für uns gedeckt hat. Und plötzlich sind wir mit dem allmächtigen Gott nicht mehr allein.

Nun sind es wir, Gott und der Teufel.

Dem Feind genügt die geringste Lücke. Eine noch so kleine Gelegenheit. Das minimalste Zeitfenster des Zweifels oder der Unsicherheit. Und schon sitzt der Teufel an Ihrem Tisch und fängt an, den Kampf um Ihr Denken für sich zu entscheiden.

DIE FREIHEIT ZURÜCKGEWINNEN

Mittlerweile halten wir es für normal, dass der Feind bei uns am Tisch sitzt. Das ist das große Problem. Wir erlauben es ihm jedes Mal, wenn wir zum Beispiel sagen: »Ach, so ist es nun einmal. Furcht gehört einfach zum Leben dazu. Wir fürchten uns alle und können nichts dagegen machen. Das Leben ist so ein Chaos heutzutage. Natürlich werden wir alle von unseren Sorgen erdrückt. Schaut euch doch bloß die Nachrichten an. Wie sollte man da keine Angst bekommen?«

Ebenso akzeptieren wir falsche Erzählungen über unser Leben: *Wir seien Gott nicht viel wert …* und die anderen genauso wenig. Wir meinen, die Leute würden uns nicht verstehen. Oder uns nicht wertschätzen. Oder sie seien einfach nur gegen uns.

Es kann auch sein, dass wir auf der anderen Seite vom Pferd fallen. Wir meinen, wir hätten mehr verdient, also gestatten wir es dem Neid, der Habgier und dem Vergleichsdenken, unsere von Gott geschenkte Identität zu verschlingen. Wir scrollen durch die sozialen Medien und wollen das, was die anderen auch haben – oder besser noch mehr.

Mehr Dinge. Das ist es, was wir brauchen. Mehr Freunde. Ein dickeres Fell. Mehr Likes. Oder vielleicht einen anderen Tisch. Immerhin leben wir alle in einer Kultur, die sich sehr weit von Gott entfernt hat, und wir wissen das. Warum sollen wir uns Gedanken machen, weil wir hier und da etwas begehren oder hier und da ein bisschen Vergnügen haben wollen? Bevor wir es uns versehen, reden wir wie der Teufel und denken die Gedanken, mit denen er uns beschäftigen will.

Ist das nicht ganz normal?

Nein! Es sollte nicht normal sein, dass der Teufel in unserem Leben das Sagen hat. In Jesu Namen können wir ihm und seinen Methoden widerstehen. Wir brauchen sie nicht zu akzeptieren. Er führt uns zu Sünden, die uns schaden und dieser Generation die Luft abschnüren. Doch diese Schuld muss nicht unser Leben belasten. In Römer 8,10-12 heißt es, dass derselbe Heilige Geist, der Jesus von den Toten auferweckte, auch in uns lebt. Dieselbe Auferstehungskraft steht uns zur Verfügung. Jesus Christus hat die Macht der Sünde gebrochen und Gott lädt uns ein, ein neues Denken und ein neues Leben anzunehmen. In Jesu Namen sollen wir uns selbst als tot für die Macht der Sünde betrachten. In Jesu Namen müssen wir unser Leben nicht durch die Stimme des Feindes bestimmen lassen. In Jesu Namen müssen wir den sündhaften Wünschen nicht nachgeben; wir können die Schlacht um unser Denken gewinnen. Dank Jesus sind wir keine Sklaven mehr. Wir sind frei. Wir sind am Leben. Wir sind Kinder Gottes.

Wir schaffen uns selbst Probleme, wenn wir nur den ersten Teil von Psalm 23,4 begriffen haben (das Durchschreiten des finsteren Tales), uns aber nicht an das erinnern wollen, was danach kommt (Gottes Verheißung, mitten in Schwierigkeiten bei uns zu sein). Wenn wir im finsteren Tal unser Zelt aufschlagen und dort bleiben, uns also nur um die Schwierigkeiten in unserem Leben drehen, werden wir vom Feind in eine andere Richtung gelenkt. Wir erleben Anfechtungen, Leid, Verfolgung oder Einsamkeit und denken: *Nun bin ich also im finsteren Tal. Gott ist nicht zu mir durchgedrungen. Ich habe für diese Sache gebetet und Gott hat mein Gebet nicht so erhört, wie ich es mir gewünscht habe, darum bleibe ich jetzt im Tal. Ich war Gott gehorsam, aber er hat mich nicht so belohnt, wie ich es erhofft habe. Also wende ich mich jetzt der Sünde zu, damit es mir besser geht.*

> Wenn wir im finsteren Tal unser Zelt aufschlagen und uns nur um die Schwierigkeiten in unserem Leben drehen, lockt uns der Feind in die falsche Richtung.

Hören Sie das? Es ist das Geräusch eines Stuhles, der schnell über den Fußboden gezogen wird. Immer noch ist es ein Tisch für zwei Personen, aber jetzt ist ein ungebetener Gast aufgetaucht.

EIN FLINKER, HEIMTÜCKISCHER FEIND

Wenn dieser ungebetene Gast auftaucht, ist er zunächst ganz still. Sogar freundlich. Es kann sein, dass wir ihn gar nicht erkennen, wenn er bei uns Platz nimmt. Der Teufel erscheint nicht mit einer rot blinkenden Forke in der Hand. Er setzt sich nicht mit einem drohenden Knurren und blutunterlaufenen Augen an unseren Tisch. Nein. Am Anfang ist er einfach eine andere Person, die sich neben uns setzt, sich an unseren Brownies bedient und sich laut fragt, welches Glas Ihres ist, wobei sie sich ganz nebenbei den Mund mit unserer Serviette abwischt.

Das alles dauert nur eine Sekunde. Der ungebetene Gast nimmt so flink und selbstverständlich Platz, dass wir seinen wahren Charakter nicht so leicht erkennen. Am Anfang sieht es so aus, als würde er auf unserer Seite stehen. Er verspricht uns die Lösung unserer Probleme. In 2. Korinther 11,14 heißt es, der Satan gebe sich als ein »Engel des Lichts« aus, was bedeutet, dass er selten seine wahren Absichten offenbart, wenn er sich zu uns an den Tisch setzt. Ihm geht es darum »zu stehlen, zu schlachten und zu vernichten«. (Johannes 10,10) Aber zunächst verstellt er sich als jemand, der uns helfen will, der nur unser Bestes im Sinn hat, der uns Erleichterung bringt im Blick auf den Schmerz, den wir empfinden.

Hallo, wie geht's denn so?, fragt er uns vielleicht. Alles in Ordnung? Du siehst nicht gut aus. Wie läuft es im Job? Ehrlich gesagt weiß ich gar nicht, wie du das alles so schaffst. Dein Chef ist so ein Blödmann. Du bist ein echter Held, dass du es immer noch dort aushältst und dich mit so einem Idioten abfindest! Und wie geht's zu Hause? Immer noch so schwierig? Mann, du tust mir vielleicht leid. Wirklich. Kann ich noch einen Cupcake haben? Diese Dinger sind einfach lecker!

Es kann sogar sein, dass er aus der Bibel zitiert. Das hat er auch getan, als er Jesus in Versuchung führte. (Matthäus 4; Lukas 4) Im Grunde sagte er zu Jesus: *Hier, schau mal diesen Vers an, der aus dem Zusammenhang gerissen ist – das ist die große Antwort auf das, was du gerade durchmachst. Dieser eine Vers ist genau das Ticket, das du brauchst.*

Unser Feind wendet jede erdenkliche Methode an, um uns seine Gedanken einzupflanzen. Das kann ein Film sein, den wir uns anschauen, ein paar Memes aus den sozialen Medien, die uns unterschwellig beeinflussen, oder die Unterhaltung zwischen zwei Leuten, die wir zufällig mithören. Wir wissen gar nicht genau, auf welche Weise die Gedanken des Teufels in unseren Kopf geraten sind, aber nun sind sie drin. Er greift an, wenn wir am Boden sind. Vielleicht einsam. Oder wütend. Oder müde. Sobald wir belastet oder gestresst sind, werden wir anfälliger für den Einfluss des Bösen. In 1. Johannes 2,16 werden die drei großen Werkzeuge, die der Teufel in seinem Kasten hat, beschrieben: »Selbstsüchtige Wünsche, die Gier nach allem, was einem ins Auge fällt, das Prahlen mit Wohlstand und Macht.« Das bedeutet, dass der Teufel alles verwenden kann, was unser Körper ganz natürlich begehrt, und es gegen uns einsetzt. So werden unsere »selbstsüchtigen Wünsche« aktiv. Der Teufel kann auch das, was wir sehen und unbedingt haben wollen, als Falle benutzen, um uns ins Verderben zu stürzen. Das ist die »Gier nach allem, was einem ins Auge fällt«. Das »Prahlen mit Wohlstand und Macht« wiederum ist ein schädliches Angeben, ein Zur-Schau-Stellen oder ein falscher Ehrgeiz, der dazu führt, dass wir allzu sehr auf uns selbst vertrauen. Auch das kann der Teufel verwenden.

Oftmals gibt sich der Teufel sehr mitfühlend. Auf diese Weise hat er auch Eva im Garten Eden bearbeitet. In 1. Mose 3 wird beschrieben, wie der Teufel in Form einer Schlange Eva dazu verführt, sich zu fragen, ob Gott wirklich gut ist. Er zeigt ihr die verbotene Frucht und weist sie darauf hin, wie schön diese ist. *Gott enthält dir etwas vor, etwas, das du wirklich brauchst,* flüstert der Feind ihr ins Ohr. Bald schon ist Eva derselben Meinung wie der Teufel, sie nickt mit dem Kopf und winkt Adam herbei. Sie brennt darauf, ihn und sich selbst davon zu überzeugen, dass es in Wirklichkeit gut ist, von dem Baum zu essen. »Seine Früchte wirkten verlockend, und klug würde sie davon werden«. (Vers 6)

Doch ganz gleich, auf welche Weise der Teufel sich den Platz an unserem Tisch erschleicht, seine Ziele sind immer dieselben. Er will Zugang zu unserem Denken bekommen, damit er uns vernichten kann. Er will in unseren Kopf gelangen, damit er uns schädliche Gedanken einpflanzen kann. Diese Gedanken wachsen unkontrolliert weiter und werden irgendwann zu Taten. Der Teufel will, dass wir von der Bosheit überwältigt werden. Er will uns alles stehlen, was uns wertvoll ist. Er will unsere Beziehung zu Gott zerstören. Er sät Zwietracht zwischen uns und den Menschen, denen wir wichtig sind. Der Teufel ist nicht zimperlich – jedenfalls nicht auf lange Sicht. Er war »von Anfang an ein Mörder« (Johannes 8,44) und er stellt Fallen, in denen Menschen gefangen werden, »sodass sie sich von ihm für seine Zwecke missbrauchen« lassen. (2 Timotheus 2,26) Der Teufel ist heimtückisch und grausam. Er läuft »wie ein brüllender Löwe« um uns herum und wartet nur darauf, dass er einen von uns »verschlingen kann«. (1 Petrus 5,8)

Und dieser *Eine* könnten auch Sie sein.

HAT DER FEIND BEREITS PLATZ GENOMMEN?

Bei all diesen Tricksereien kann es schwierig werden, die Stimme des Feindes zu erkennen. Er schlich im Garten Eden um Eva herum. Und er schlich auch in der Nacht herum, als Jesus verraten wurde. Es liegt nicht bei uns, dieses Herumschleichen zu unterbinden. Aber es ist unsere Aufgabe, den Feind davon abzuhalten, dass er an unserem Tisch Platz nimmt.

Dabei dürfen wir uns sicher sein: Als Söhne oder Töchter von Jesus Christus besitzen wir die Kraft eines Glaubens, der dem Flüstern des Teufels Widerstand bieten kann. Wir können sagen: »In Jesu Namen will ich deine Worte, deine Gedanken und deinen Einfluss in meinem Leben nicht zulassen!«

Aber was ist, wenn der Teufel bereits an unserem Tisch Platz genommen hat und wir es gar nicht bemerkt haben? Kann es sein, dass wir uns so an negative Gedanken und zerstörerische Emotionen gewöhnt haben, dass wir es nicht einmal bemerken, wenn der Feind unser Mittagessen aufisst?

Woher wissen wir, dass der Feind bereits an unserem Tisch sitzt? Wir erkennen es an den feurigen Pfeilen, die er die ganze Zeit über unerbittlich und mit voller Wucht aus seinem Arsenal abschießt. Zunächst einmal müssen wir diese Lügen und ihre zerstörerische Kraft in unserem Leben erkennen, bevor wir uns damit beschäftigen können, wie wir sie in Jesu Namen auslöschen.

Kapitel 4

Tödliche Lügen enttarnen

Ich wuchs in einer großen christlichen Gemeinde im Zentrum von Atlanta, der Hauptstadt des US-Bundesstaates Georgia, auf. Als ich zwölf war, besuchte ich die Sonntagsschule. Ich erinnere mich noch gut daran, wie der Raum aussah, in dem der Unterricht für die Jungen der siebten Klasse stattfand. Brauner Linoleumfußboden. Backsteinwände, ebenfalls braun. Klappstühle aus Metall. An der Wand Landkarten, in denen die Reisen des Apostels Paulus verzeichnet waren. Ein Fenster mit Jalousien – immer geschlossen. Und am anderen Ende des Raums ein großes Gemälde mit dem »lieben und sanften« Jesus. Sie wissen wahrscheinlich, was ich meine? Sein Gesicht ist blass. Er sieht aus, als wäre er lange nicht mehr draußen gewesen. Sein Gewand ist perfekt. Seine Frisur ist perfekt. Er trägt ein flauschiges Lamm auf den Schultern und hat einen Hirtenstab in der Hand. Sein entrückter Blick ist in die weite Ferne gerichtet. Aber dieses allzu liebliche Porträt hat mit der Realität rein gar nichts zu tun.

In Wirklichkeit ist Jesus nämlich unser Held. Unser Verteidiger. Er ist der mächtige Sohn Gottes! Wenn es um Leben und

Tod geht, wenn wir mit dem Rücken zur Wand stehen, wenn die Situation sich für uns bedrohlich entwickelt und der Teufel uns Lügen ins Ohr flüstert, dann ist er da, der allmächtige Gute Hirte, der in der einen Hand einen Stock hat und in der anderen den Hirtenstab. Und darum finden wir in seiner Gegenwart Trost. Mit dem Stab kann der Gute Hirte uns packen und in Sicherheit bringen. Und mit dem Stock kann er jeden herumschleichenden Löwen und jeden wilden Bären, der über uns herfallen will, vernichten.

König David, der Psalm 23 geschrieben hat, hat selbst gegen Löwen und Bären gekämpft und sie bezwungen. (1 Samuel 17,34-36) Er wusste, was Gott damit sagen will, wenn er uns verspricht, im finsteren Tal bei uns zu sein. Jesus ist mitten in brenzligen Situationen bei uns und er steht nicht mit den Händen in den Taschen herum. Er ist gekommen, um uns zu retten, wenn es nötig ist, uns um jeden Preis zu beschützen und unseren Becher bis zum Rand zu füllen. Wir müssen uns nicht mehr ängstlich umschauen. Gott bereitet für uns einen Tisch inmitten unserer Feinde. Jesus beobachtet sie und er bewacht uns, damit wir unsere Aufmerksamkeit voll und ganz auf das Angesicht des Guten Hirten richten können – auf Jesus, unseren Erlöser.

Dennoch ist es notwendig, die Lügen des Feindes zu erkennen – nicht damit wir unseren Blick auf sie richten, sondern damit wir sie meiden und uns wieder auf den Guten Hirten konzentrieren können. Wenn Sie merken, dass die folgenden Lügen wie Pfeile in Ihre Richtung fliegen, können Sie sie überwinden und die Schlacht um Ihr Denken gewinnen, indem Sie die Wahrheit in Jesu Namen zur Geltung bringen.

DIE LÜGE DES VERGLEICHENS

Die erste Lüge lautet: An einem anderen Tisch ist es besser. Wenn Sie diesen Satz in letzter Zeit öfter gehört haben, dann können Sie sich sicher sein, dass der Teufel an *Ihrem* Tisch sitzt. Denn an dem Tisch, den Jesus für Sie gedeckt hat, geht es um das Leben, das Leben in seiner ganzen Fülle. (Johannes 10,10) An jedem anderen Tisch, wo Gott nicht sitzt, geht es ums Stehlen, Töten und Vernichten. Wenn der Teufel an Ihrem Tisch sitzt, deutet er oft auf einen anderen Tisch und redet darüber, wie toll es doch woanders ist. Er zeigt dorthin, wo Gott nicht Platz genommen hat, und sagt: Dort drüben. *Dort ist die Lösung für dein Problem.*

Der Teufel ist nämlich ein Verkäufer der übelsten Art. Er sagt uns genau das, was wir hören wollen, und zeigt uns genau das, wonach wir vermeintlich suchen. Wenn er an unseren Tisch kommt, kündigt er nicht an, dass er uns töten will. Er kommt mit einem Angebot, das uns verführen soll. Aber letztendlich verkauft er uns nicht die Wahrheit und nicht das Leben. Nein. Er verkauft uns Lügen. Und den Tod.

Zu den Verkaufssprüchen des Teufels, mit denen er uns einreden will, dass es woanders besser sei, gehört auch der Trick des Vergleichens. Der Teufel sagt uns immer, es gebe an einem anderen Ort einen besseren Tisch. *Natürlich solltest du deinen Ehepartner verlassen und dir jemand anderen suchen. Dann wird dein Leben besser, ganz bestimmt. Das ist die Lösung für all deine Probleme. Wenn du nur mit jemand anderem zusammen sein könntest! Du solltest dich unbedingt dieser anderen Gruppe anschließen, denen, die nicht mit dem allmächtigen Gott am Tisch sitzen. Wenn du alles hinter dir lassen könntest, was du als wahr erkannt hast, und eine Weile dein eigenes Ding machst, das wäre doch das, was du willst. An einem anderen Tisch – an dem es keine Gemeinschaft mit Gott gibt –, da ist mehr Leben, mehr Essen, mehr Zufriedenheit, mehr Freude, mehr von dem, wonach du suchst.*

Doch lassen Sie sich nicht auf diese Lügen ein. Der Teufel hätte es gern, dass Sie Ihr Leben anschauen, es mit dem Leben von jemand anderem vergleichen und sich wünschen, Sie hätten, was der andere hat. Er mischt ein bisschen Eifersucht darunter, siebt ein wenig Begehrlichkeit darüber, streut eine Prise Selbstmitleid hinein und lässt ein paar Bemerkungen fallen, wie zum Beispiel, dass Gott diese andere Person wohl mehr liebt als Sie. Oder dass der andere von Gott mehr gesegnet wird. Oder dass Gott Ihnen etwas vorenthält, das Sie brauchen. Schon bald hat der Teufel Sie davon überzeugt, dass Gott nicht gut ist. Gott hat Sie nicht gesegnet. Gott liebt Sie nicht. Ihnen ist etwas Gutes entgangen, weil Gott so fies ist oder weil er Sie vergessen hat oder Sie die ganze Zeit belügt.

Wir nennen es »Das Gras ist woanders grüner«-Syndrom. Wenn wir nicht fest am Tisch des Allmächtigen Platz genommen haben und keinen Augenkontakt mit dem Guten Hirten halten, werden wir durch die Tyrannei des Vergleichens abgelenkt. Wenn wir unser Umfeld bewusst danach absuchen, was entdecken wir da?

- Bob hat in der Firma eine bessere Stelle bekommen. Er hat ein paar krumme Wege eingeschlagen und das hat sich für ihn rentiert. Deshalb fährt er jetzt einen schicken Wagen, während Sie es kaum schaffen, Ihrem Sohn, der gerade den Führerschein gemacht hat, ein vernünftiges Auto zu kaufen. Außerdem haben sich Bob und seine Frau neulich für ihren Garten einen tollen Pool mit Wasserfall angeschafft.
- Oder schauen Sie sich Jasmin an. Jeder Post auf ihrem Account ist perfekt. Ihre Kinder. Ihr Urlaub. Oder die hübsche kleine Hütte, die ihr Mann Ronnie ihr im Garten gebaut hat, nur für sie allein.
- Kurt, der Typ, den Sie beim Sport kennengelernt haben, hat sich jetzt endlich von seiner Frau und der kaputten Familie getrennt. Er hat sich von seiner schrecklichen Schwiegermutter befreit und lebt jetzt mit seiner neuen Partnerin im sonnigen Kalifornien. Er wirkt so sorglos und glücklich.
- Anita hat der Kirche den Rücken gekehrt und ihren Job

in einer Handyfirma hinter sich gelassen. Jetzt lebt sie in einem Wohnwagenwagenpark in Utah. Keine Verpflichtungen mehr. Keine große Verantwortung. Kein Ballast.

Der Feind ist ein Meister darin, uns ein lebhaftes Bild der Freiheit vor Augen zu malen. Diese liegt dort drüben – wo das Gras stets grüner ist. Dieser Gedanke, dass wir unsere Verpflichtungen hinter uns lassen können und nur noch so leben, wie wir es wollen, kommt nicht von Jesus. Jesus ist gekommen, um uns das Leben in reicher Fülle zu schenken.

Sind Sie gerade dabei, sich von dem wegzubewegen, was Sie für richtig und gut erkannt haben? Denken Sie darüber nach, all Ihre Verpflichtungen hinter sich zu lassen? Sind Sie kurz davor, etwas zu tun, von dem Sie wissen, dass es Gottes guten Absichten für Sie widerspricht? Etwas, das Sie später mit Sicherheit bereuen werden? Oder haben Sie den Sprung weg von Jesus bereits unternommen und haben recht schnell gemerkt, dass Sie mit dem »grüneren Gras« ein schlechtes Geschäft gemacht haben? Wenn das so ist, dann sitzt der Feind bei Ihnen am Tisch.

Aber Sie müssen nicht so weiterleben. Jesus ruft Sie zurück an seinen Tisch, an Ihren Tisch für zwei Personen. Lassen Sie nicht zu, dass der Feind dort Platz nimmt.

DIE LÜGE, DASS WIR DEM UNTERGANG GEWEIHT SIND

Die zweite Lüge lautet: Wir schaffen es nicht. Wenn wir sie geglaubt haben, dann sitzt der Feind bei uns am Tisch. Seine Stimme redet uns ein, unser Leben sei hoffnungslos. Es gebe keinen Ausweg. Genauso gut könnten wir alles hinschmeißen, fortgehen und sterben.

Wenn jemand uns fragt, wie es bei uns so läuft, antworten wir manchmal: »Ach, ich weiß gar nicht, wie ich diese schwierige Zeit überstehen soll. Ich weiß nicht, ob ich dieses Semester überlebe. Keine Ahnung, wie ich das alles schaffen soll.«

Haben Sie sich selbst schon einmal solche Sätze sagen hören? Woher kommt dieses Denken? Wo haben Sie diese Worte des Untergangs und des Zweifels gehört? Sicherlich nicht von Ihrem Guten Hirten. Viel eher von Ihrem Feind, der bei Ihnen am Tisch sitzt.

Soeben hat Gott Ihnen versprochen, dass Sie kein Unglück zu fürchten brauchen, wenn Sie durch das finstere Tal gehen. Haben Sie auf das entscheidende Wort in diesem Satz geachtet: *Durch? Ihr Hirte hat Ihnen nicht einfach gesagt, dass Sie zum* finsteren Tal gehen, sondern *durch* das Tal *hindurch.* Mit anderen Worten: Sie werden es schaffen.

Gott hat Ihnen nicht versprochen, dass er Sie vor Problemen bewahrt. Aber er hat versprochen, dass er Sie hindurchführt.

So wächst in Ihnen der »Dennoch-Glaube«. Auch wenn es schwere Zeiten sind, ist Gottes Stecken und Stab mit Ihnen. Wenn es hart auf hart kommt, sind Sie nicht allein. Gott weiß, was Sie gerade durchmachen. Er weiß, dass es ein dunkler Weg ist. Er hat Ihnen nicht versprochen, dass er Sie vor den Problemen bewahrt. Aber er hat versprochen, dass er Sie hindurchführt. Das ist ein großer Unterschied.

Sie werden von Ihrem Guten Hirten nie hören, dass Sie es nicht schaffen werden. Er wird Ihnen nie sagen, das Leben sei hoffnungslos und es gebe keinen Ausweg. Warum nicht alles hinschmeißen, fortgehen und sterben? Das ist nicht die Stimme des Guten Hirten. Der Gute Hirte sagt: *Wir gehen gemeinsam durch dieses Tal und ich bin die ganze Zeit bei dir. Und weißt du was: Wenn wir drüben angelangt sind, werden wir eine Menge zu erzählen haben.*

So hat Gott sein Volk aus der Gefangenschaft in Ägypten befreit. Er hat keine Brücke über das Rote Meer gebaut, sondern es in der Mitte geteilt, damit die Israeliten hindurchgehen konnten. Oft besteht Gottes Plan nicht darin, uns eine

Brücke über raue Gewässer zu bauen. Stattdessen schenkt er uns auf wundersame Weise die Gnade und die Kraft, *durch* das Wasser *hindurch*zugehen. »Du bahntest dir einen Weg mitten durch das Meer. Dein Pfad führte durch mächtige Fluten, doch deine Spuren konnte niemand erkennen«. (Psalm 77,20) Wir gehen also *durch* die Situationen unseres Lebens *hindurch*, wie auch immer diese aussehen. Und unser Hirte geht mit uns hindurch.

Am liebsten würden wir Psalm 23 anders formulieren, damit dort steht, wir säßen am Tisch allein in der Gegenwart Gottes und nicht auch noch in der Gegenwart unserer Feinde. Christen sprechen viel davon, wie sehr sie die Gegenwart Gottes lieben und sich nach ihr sehnen. Sie beten zum Beispiel: *Herr, bitte sei heute mit mir.* Aber wissen Sie was? Gott hat dieses Gebet bereits erhört. »Erkennt ihr an euch selbst nicht, dass Jesus Christus in euch ist?« (2. Korinther 13,5) Wir glauben an einen Gott, der durch Jesus in uns lebt. Es gibt Augenblicke, in denen wir spüren, dass Gott auf eine besondere oder übernatürliche Weise bei uns ist. Aber wir müssen nicht darauf zählen, dass sich Gottes Gegenwart durch die Wolke oder das Feuer offenbart, so wie Gottes Volk es in früheren Zeiten erlebte.

Interessanterweise gibt es im Neuen Testament keinen einzigen Vers, der uns auffordert, die »Gegenwart« Gottes zu suchen oder sie zu feiern. Warum? Weil Gott in und durch die Person Jesu sichtbar geworden ist (33 Jahre lang sogar als Mensch zum Anfassen) und nun durch den Heiligen Geist in uns lebt. Ich suche also nicht mehr die Gegenwart Jesu, ich suche ihn als Person. Ich suche auch nicht die Gegenwart des Heiligen Geistes, sondern seine Person und seine Kraft. Ich bitte nicht um die Gegenwart Gottes, denn Gott (der Vater, der Sohn und der Heilige Geist) lebt in mir.

Und Gott verspricht, bei uns zu sein, auch im Angesicht unserer Feinde. Jesus sitzt mit uns am Tisch, in Bedrängnis, in Not, in Gefühlen der Hoffnungslosigkeit, in einer zerbrochenen Welt. Gott beseitigt nicht alle unsere Schwierigkeiten. Er lässt es zu, dass wir durch das Leid hindurchgehen, und er ist die ganze Zeit an unserer Seite.

Haben Sie schon einmal die Lüge geglaubt, dass Sie ein hoffnungsloser Fall sind? Das sind Sie nicht. Jesus lebt in Ihnen! Geben Sie dem Feind keinen Platz an Ihrem Tisch.

DIE LÜGE DER WERTLOSIGKEIT

Die dritte Lüge lautet: *Ich bin nicht gut genug.* Wenn wir diese Worte hören, sitzt der Feind bereits an unserem Tisch. Mit dieser Lüge müssen wir jedoch vorsichtig umgehen, denn die Bibel ruft uns zur Demut auf. Wir sollten also folgenden Unterschied beachten: Demut bedeutet nicht, uns selbst gering zu schätzen, sondern weniger an uns selbst zu denken. Das verwechseln wir leicht, weil wir meinen, Gott dadurch zu ehren, dass wir uns selbst für gering achten. Doch nichts ist weiter von der Wahrheit entfernt. Wir sind nach dem Bild Gottes geschaffen. Diese erstaunliche Realität soll nicht dazu führen, dass wir herumstolzieren und meinen, es drehe sich alles um uns. Aber sie bedeutet auch nicht, dass wir uns ständig elend fühlen und denken, wir seien zu nichts imstande. An diese beiden Punkte will der Teufel uns aber am liebsten führen. Entweder zu einem aufgeblasenen Ego oder zu einem Gefühl der Minderwertigkeit, das den eigenen Wert und die eigene Bedeutung unterschätzt.

Falls Sie zu der zweiten Gruppe gehören sollten – die immer den Eindruck hat, ungenügend zu sein –, dann möchte ich Ihnen Mut machen. Vielleicht glauben Sie, nicht gut genug zu sein, egal was Sie geleistet und wie viel Gutes Sie im Lauf der Jahre aus Gottes Wort gehört haben.

Vielleicht hat jemand Ihnen gesagt, Sie würden es ja doch nie zu etwas bringen. Oder Sie wurden von Ihrem Ehepartner verlassen. Oder von einem Elternteil. Sie haben vielleicht noch nicht den Richtigen oder die Richtige gefunden. Oder Sie wünschen sich, anders auszusehen. Oder die Begabungen zu haben, die ein Freund oder eine Freundin besitzt. Vielleicht fuhr ein Müllwagen voller Schuld im Rückwärtsgang in Ihr Leben hinein und überschüttete Sie mit einer ganzen Ladung an Schamgefühlen. Ganz gleich, wie sehr Sie sich auch bemühen, was auch immer Sie tun, in Ihren Augen ist es nie genug. Und wenn Sie selbst schon dieser Auffassung sind, dann stimmen die anderen Ihnen bestimmt von Herzen zu. Klar, sie sind nett zu Ihnen – aber Sie wissen genau, was die anderen wirklich von Ihnen denken.

Doch wir müssen uns klarmachen: Die »Du bist nicht genug«-Hymne wurde in der Hölle komponiert. Sie verstümmelt uns. Sie schwächt uns. Sie lähmt uns. Sie kommt nicht vom Guten Hirten. Wenn Sie diese Melodie hören und sie wiederholen, dann muss wohl der Feind an Ihrem Tisch sitzen.

In dieser Lüge spiegelt sich keinesfalls wahre Demut wider. Sie ist viel eher wie ein Knüppel, der uns über den Kopf geschlagen wird. Sie flüstert uns ein, wir seien nutzlos. Wir würden nie das haben, was nötig ist. Haben Sie die Berufung erhalten, eine Kleingruppe in Ihrer Gemeinde zu leiten? Die Lüge hämmert Ihnen ein, dass das nicht möglich ist. Sind Sie berufen, Ihre Familie mit Aufrichtigkeit, Mitgefühl, Güte und Stärke zu leiten als Ehefrau und Mutter, die mit Gott lebt? Die Lüge sagt Ihnen, dass Sie nicht gut genug seien, Sie würden ja doch nichts erreichen und könnten es daher gleich ganz sein lassen. Glauben Sie, dass Gott Sie liebt, weil er Sie geschaffen hat und Sie sein geliebtes Kind nennt? Die Lüge will Sie davon überzeugen, dass Sie abgelehnt werden. Sie seien ein wertloser Sünder, flüstert sie, der sich nie ändern wird. Sie seien nicht Gottes Kind.

Doch schauen Sie lieber auf den, der Ihnen am Tisch gegenübersitzt. Nehmen Sie einen Moment lang Blickkontakt auf. Sehen Sie bei ihm Verachtung, fühlen Sie sich bei ihm beschämt? Oder sehen Sie die Narben an den Händen, die Ihr Glas halten und den Krug hochheben, um Ihnen das frische Wasser einzuschenken? Natürlich ist Jesus die Heiligkeit in

Person, aber er hat Sie dennoch eingeladen. Hat den Tisch reserviert. Das Mahl vorbereitet. Sich zu Ihnen gesetzt. Und diese Reservierung hat ihn alles gekostet.

Jesus hat den Tisch reserviert. Das Mahl vorbereitet. Sich zu Ihnen gesetzt. Und diese Reservierung hat ihn alles gekostet.

In dem schönen bildhaften Vergleich des Guten Hirten in Johannes 10 heißt es, Jesus setze »sein Leben für die Schafe ein«. (Vers 11) Jesus hat einfach alles drangegeben, um mit Ihnen am Tisch sitzen zu können! Geben Sie dem Teufel also keinen Platz an Ihrem Tisch.

DIE LÜGE »ICH GEGEN DEN REST DER WELT«

Kürzlich sprach ich mit einem Mann, der mir erzählte, er habe gerade seinen Job gekündigt. Ich fragte nach dem Grund. Er antwortete, an seiner Arbeitsstelle würden ihn alle hassen. Dabei erwähnte er den Namen der Firma. Ich hatte gedacht, er wäre für ein anderes Unternehmen tätig. Auf meine Frage diesbezüglich sagte er: »Nein, dort habe ich vor ein paar Jahren gearbeitet. Aber da habe ich auch gekündigt, weil alle gegen mich waren.«

Etwas später hörte ich, dass er sich von seiner Frau getrennt hatte. Ich fragte ihn, was passiert sei, und er fasste die Situation mit den Worten zusammen: »Ihre Eltern haben mich von Anfang an nicht gemocht und alle in der Familie haben mich abgelehnt.«

Kann das wirklich sein?, dachte ich.

Wenn wir der Lüge glauben, dass alle gegen uns sind, dann gelangen wir zu der Überzeugung, von unserer ganzen Umgebung gehasst zu werden. Im Beruf kann keiner uns leiden. In der Familie hassen uns alle. Auch in der Gemeinde. Die Pastoren. Die Professoren. Die Eltern. Die Kinder. Die Freunde. Die Kollegen. Die Nachbarn. Selbst der Kellner hat uns in die Suppe gespuckt.

Wenn Sie eine Stimme hören, die Ihnen sagt: *Alle sind gegen dich,* dann sitzt der Feind an Ihrem Tisch. Es ist die von der Furcht gesteuerte Stimme der Paranoia. Sie bringt uns dazu, allen Menschen in unserem Leben zu misstrauen.

Und natürlich gibt es subtilere Formen dieser Lüge. Der Feind ist gut darin, Zweifel bei uns zu säen. Er untergräbt unser Vertrauen in das, was Gott als Wahrheit über uns sagt. Wir glauben dann vielleicht inneren Worten wie diese: *Der da hat mich nicht einmal angeschaut, als ich ins Büro kam – ich wette, er kann mich nicht ausstehen. Und das Grüppchen da drüben – bestimmt reden die gerade über mich. Die wollen mich ausbooten. Ach ja, und meine Freundin – wahrscheinlich wird sie nie wieder mit mir reden. Ich habe gar keine Freunde. Alle unternehmen was ohne mich. Niemand lädt mich ein. Keiner kann mich leiden.*

Was aber ist die Wahrheit? Nun ja, es ist schon möglich, dass jemand uns hasst. Klar. Aber es ist nicht sehr wahrscheinlich, dass *alle* gegen uns sind. Irgendwann in der Vergangenheit haben wir eine defensive Haltung eingenommen, ein misstrauisches Wesen, und jetzt ist das bei uns zum Standard geworden. Wir haben unsere Mauern hochgezogen. Hoch und dick. Manche könnte man sogar als undurchdringlich bezeichnen. In der Vergangenheit haben Menschen uns verletzt und deshalb lassen wir sie jetzt nicht mehr an uns heran. Wir haben uns geschworen – vielleicht unausgesprochen –, dass wir lieber zuerst zuschlagen, bevor die anderen uns treffen können. Wir verlassen sie, bevor sie uns verlassen. Wir greifen an, bevor wir angegriffen werden.

> Bitten wir Gott darum, unsere Seele zu erquicken und uns um seines Namens willen auf der rechten Straße der Heilung und Wiederherstellung zu führen.

Doch stattdessen sollten wir uns vom Guten Hirten zum frischen Wasser führen lassen. Wir sollten es zulassen, dass er uns auf grünen Auen weidet. Bitten wir Gott darum, unsere Seele zu erquicken und uns um seines Namens willen auf der rechten Straße der Heilung und Wiederherstellung zu führen. Es kann sein, dass wir von Druck und Problemen umgeben sind, von Unsicherheiten und Missverständnissen, aber Gott hat uns mitten in all dem einen Tisch bereitet. Gott stärkt uns den Rücken. Jesus ist keine halbe Portion. Er hat Kraft, Macht und Autorität. Er ist der Herr der ganzen Schöpfung. Er ist der König des Universums. Wenn Gott uns durch das Tal begleitet, brauchen wir uns keine Gedanken darüber zu machen, wie es ausgehen wird. Wir brauchen uns nicht misstrauisch umzusehen. Wir können unsere Boxhandschuhe ablegen.

Ungefähr in der Zeit, als ich die Nachricht *Gib dem Feind keinen Platz an deinem Tisch* erhielt, sprach ich auf einer Konferenz im Ausland. Hinter der Bühne versammelte sich ein Teil des Leitungsteams zum Gebet. Sie stellten mich und ein paar andere, die als nächste Redner an der Reihe waren, in ihre Mitte und legten uns die Hände auf, um uns die Kraft und Fürsorge Christi zuzusprechen.

Nach dem Gebet kam eine Frau auf mich zu, die ich nicht kannte, und erzählte mir, welchen geistlichen Eindruck sie während des Gebets erhalten hatte. »Jemand versucht, Sie zu Fall zu bringen«, sagte sie. »Aber machen Sie sich keine Sorgen. Gott stärkt Ihnen den Rücken.« Ich bekam förmlich eine Gänsehaut, denn ich befand mich Tausende Meilen von zu Hause entfernt und hier an diesem Ort wusste niemand von den Problemen, die ich während dieser Zeit des Gemeindeaufbaus hatte. Ich habe diesen Augenblick nie vergessen und wiederhole den Satz immer wieder, wenn sich die Fluten gegen mich auftürmen: *Louie, mach dir keine Sorgen. Gott stärkt dir den Rücken.*

Haben Sie sich auch schon einmal so etwas gesagt, vor allem in angespannten Zeiten? Wenn wir uns diese Wahrheit immer wieder vor Augen halten, fällt es uns leichter, unsere Ängste abzulegen, den Blick von uns selbst wegzulenken und unsere Herzen und Hände für andere Menschen zu öffnen.

Dass Gott für uns und nicht gegen uns ist, das ist ein entscheidender Gedanke. Wenn wir das nicht glauben, schauen wir uns ständig misstrauisch um. Und dabei entsteht in uns das Bild von einer Welt, in der wir immer das Opfer sind. Wir erleben nicht die Freiheit und Ermutigung, die auf der Tatsache beruht, dass Menschen uns lieben. Geliebt zu werden erfordert, dass wir Gott irgendwann vertrauen und dazu gelangen, uns selbst zu lieben. Das mag anfangs furchterregend sein, wenn wir bisher immer nach dem Motto gelebt haben »Ich gegen den Rest der Welt«. Aber wir sind ja nicht dazu geschaffen worden, uns selbst zu verachten und anderen zu misstrauen. Wir sind geschaffen worden, um von Gott geliebt zu werden und in diesem Wissen ruhen zu können.

Und schließlich können wir all die Fülle, die sich auf unserem Tisch befindet, nicht wirklich wertschätzen, wenn wir mit geballten Fäusten herumlaufen. Psalm 23 fährt mit Vers 5 fort: »Du salbest mein Haupt mit Öl und schenkest mir voll ein.« Das mit dem öligen Kopf scheint für uns zunächst mal keinen Sinn zu ergeben. Salbung mit Öl war im alten Israel ein Zeichen der Erwählung (so wurde z. B. David zum König gesalbt) und eine wertschätzende Willkommensgeste für Hausgäste (Jesus wurde bei einem Mahl von einer Frau gesalbt). Salben und Öle wurden im Alltagsleben der Menschen auch zu Heilungszwecken gebraucht. Sogar Schafe wurden zuweilen mit Öl behandelt, denn der schlimmste Feind eines Schafes war nicht der große, böse Wolf, sondern die kleinen Parasiten und Fliegen. Die Parasiten siedelten sich in der Wolle rund um Augen und Gesicht des Schafes an und verursachten Hautkrankheiten und Entzündungen. Darum rieb der Hirte die Köpfe seiner Schafe mit Öl ein. Das Öl bildete eine Schutzschicht, sodass die Fliegen nicht in die Wolle des Tieres eindringen konnten. So möchte auch Gott uns durch sein Wort vor Unheil, Lügen und Täuschungen bewahren.

Aber es gibt noch einen wichtigen Gesichtspunkt. Jesus möchte, dass unser Leben die Fülle widerspiegelt, die sich auf unserem Tisch befindet. Er möchte unser Leben reich machen.

Großzügigkeit ist die Visitenkarte aller, die regelmäßig mit dem König speisen. Wir horten nicht, womit Gott uns gesegnet hat. Wir geben anderen etwas von unserer leckeren Steakmahlzeit ab. Selbst unseren Feinden! Warum? Weil wir es können. Wir haben mehr als genug auf unserem Tisch. Darum können wir großzügig mit anderen teilen – selbst mit denen, die uns vielleicht hassen. Mit geballten Fäusten kann man nichts weitergeben. Das geht nur, wenn wir unsere Hände öffnen.

Der Tisch, an dem wir sitzen, ermöglicht es uns, unser inneres Bild von der Wirklichkeit zu revidieren. Ich muss nicht mehr glauben: *Alle hassen mich, alle sind gegen mich.* Stattdessen darf ich nun wissen: *Gott ist für mich, Gott stärkt mir den Rücken.* Unser reich gedeckter Tisch macht uns zu Agenten der Liebe für die Menschen in unserer Umgebung. Es mag sein, dass manche uns ablehnen. Aber wir werden überrascht sein, wie viele Menschen in unserer Nähe auch darauf warten, dass jemand den Blick auf sie richtet und ihnen liebevoll beisteht.

Der allmächtige Gott steht auf Ihrer Seite. Also sind nicht alle gegen Sie. Geben Sie dem Feind daher keinen Platz an Ihrem Tisch.

DIE LÜGE, DASS ES KEINEN AUSWEG GIBT

Wenn Sie das Gefühl haben, umzingelt und überwältigt zu sein und keinen Ausweg mehr zu haben, dann wissen Sie, dass der Feind an Ihrem Tisch sitzt.

Es ist die ultimative Lüge, die mehrere andere in sich vereinigt, von denen wir in diesem Kapitel schon gesprochen haben. Der Feind will uns davon überzeugen, dass wir uns nirgendwohin wenden können. Es gibt keinen Ort, an den wir fliehen können. Keinen Ausweg. Keine Chance, je wieder frei zu leben.

Die Folgen unserer schlechten Entscheidungen schließen uns von einer Seite ein, der Verrat eines Freundes von einer anderen. Unser guter Ruf ist zerstört. Wir werden unseren Job verlieren. Wir können nicht mehr in unsere Gemeinschaft zurückkehren. Niemandem vertrauen. Wir haben unsere letzte Karte ausgespielt. Der Druck ist zu groß geworden. Gib auf. Kauf dich frei. Verlass die Stadt oder, noch schlimmer, verlass dieses Leben.

Ich habe schon genug Stürme erlebt, um die harte Realität solcher Gefühle zu kennen. Darum werde ich nicht behaupten, es sei einfach, dem Rat zu folgen, den ich Ihnen geben werde. Wenn Sie sich umzingelt und überwältigt fühlen und es keinen Ausweg zu geben scheint, dann habe ich eine alles verändernde Botschaft für Sie: Sie sind tatsächlich umzingelt! Aber die Situation ist besser, als sie aussieht.

Elia, der als einer der mächtigsten Propheten Israels galt, war von Gott dazu berufen worden, Wunder zu wirken. Auf Gottes Weisung hin ernannte Elia später den jungen Elisa zu seinem Nachfolger. Auch dieser war ein Prophet und starker Mann des Glaubens und auch er lebte aus der Kraft Gottes.

In einer Zeit der Konflikte und Kriege nahm der König von Syrien Israel ins Visier und griff immer wieder einzelne Städte an, um sie und das Volk Gottes nach und nach zu vernichten. Gott aber verriet Elisa die Pläne des Feindes. Elisa »warnte König Joram von Israel davor, sein Heer an diesem Ort vorbeiziehen zu lassen, weil die Syrer dort im Hinterhalt lagen. Daraufhin schickte Joram einen Spähtrupp in die Gegend und ließ sie sorgfältig beobachten. Dasselbe wiederholte sich mehrmals«. (2 Könige 6,9-10) Darüber war der König von Syrien erbost und wollte Elisa um jeden Preis töten.

Elisa und sein Diener waren in die Stadt Dotan gereist. Als der König von Syrien erfuhr, dass Elisa es war, der seine Schlachtpläne an den König von Israel verriet, sandte er eine große Truppe mit Streitwagen und Pferden dorthin, um Elisa zu beseitigen. Die Soldaten erreichten Dotan im Schutz der Dunkelheit und umzingelten die Stadt, während Elisa schlief.

Elisas Diener schlief in dieser Nacht jedoch nicht so gut.

Er wälzte sich hin und her, weil jedes Geräusch außerhalb des Lagers ihn beunruhigte. War da etwas? Lauerte irgendwo eine Gefahr? War Elisa hier in Sicherheit? Als der Morgen anbrach, war der Diener hellwach. Er ging hinaus, um die Umgebung zu beobachten, und traute seinen Augen kaum. Die Stadt war vollständig umzingelt. Die Syrer hatten Elisas Aufenthaltsort ausfindig gemacht und während der Nacht einen Belagerungsring gebildet. Es gab keinen Ausweg mehr.

Der Diener eilte nach drinnen und weckte Elisa auf. »Ach, mein Herr, was sollen wir jetzt bloß tun?« (Vers 15)

Elisa stand vor einer Entscheidung. Durchdrehen. Zusammenbrechen. Oder den Blick nach oben richten. Er entschied sich für Letzteres und für den »Dennoch-Glauben«. »Auf unserer Seite steht ein noch größeres Heer«, bekräftigte er. (Vers 16) Und dann betete er. Nicht für sich selbst. Auch nicht um Befreiung von der ihn verfolgenden Armee. Elisa betete für seinen Diener. Seltsam, nicht wahr? Warum tat er das?

Elisa betete: »Bitte, Herr, öffne ihm die Augen!« (Vers 17)

Nun könnte man sagen, dass der Diener ja gute Augen hatte. Er konnte gut genug sehen, um aus hundert Metern Entfernung die von Pferden gezogenen Streitwagen ohne Brille zu erkennen. Er konnte die Größe des Heeres mit mehreren Hundert Mann einschätzen und wusste, dass er und Elisa diesem allein gegenüberstanden. Er sah gut genug, um zu wissen, dass sie in die Enge getrieben worden und komplett eingeschlossen waren.

Aber was sah er *nicht,* das Elisa zu diesem Gebet veranlasste?

Er sah nicht, dass die Armee, welche die Stadt umzingelt hatte, ihrerseits von einem Engelheer des lebendigen Gottes eingeschlossen war! »Da öffnete der Herr Elisas Diener die Augen, und er konnte sehen, dass der ganze Berg, auf dem die Stadt stand, von Pferden und Streitwagen aus Feuer beschützt wurde«. (Vers 17) Ja, sie waren umzingelt. Von den Streitkräften Gottes, die von seiner Herrlichkeit und Macht erleuchtet waren.

Dasselbe gilt für Sie und mich. Es mag stimmen, dass die Situation für uns immer angsteinflößender wird. Feinde haben in der Nacht Stellung bezogen. Unsere ganze Welt ist von Drohungen, Anschuldigungen, Raketen und Hass umzingelt. Aber das ist nur die halbe Wahrheit. Die Wahrheit, die wir von unserem Gegner, der bei uns am Tisch sitzt, mitgeteilt bekommen. Er will uns einreden, dass wir dem Untergang geweiht sind. Dass es keinen Ausweg gibt.

Aber der Geist Gottes tritt für uns ein: *Herr, öffne ihnen die geistlichen Augen: Vater, lass sie mit den Augen des Glaubens sehen.*

Gott hat alles und jeden, der uns umzingelt, ebenfalls umzingelt. Geben wir also dem Feind keinen Platz an unserem Tisch.

WO WIR AM LIEBSTEN SEIN WOLLEN

Als ich den Entschluss fasste, Shelley einen Heiratsantrag zu machen, lebte ich in Fort Worth in Texas und plante, an Weihnachten in Atlanta zu sein, wo meine Eltern wohnten. Shelley flog von Houston aus ebenfalls nach Atlanta, um dort ein paar Tage mit meiner Familie zu verbringen. Ich brauchte also einen Verlobungsring.

Da ich noch studierte und aus einer Arbeiterfamilie der Mittelschicht stammte, musste ich all mein Geld zusammenkratzen, um einen dem Anlass angemessenen Diamanten zu erwerben. Ein Freund vermittelte mir den Kontakt zu einem Großhändler in Dallas. Ich gab für den schönen Stein praktisch jeden Penny aus, den ich besaß. Aber es war nur ein loser Diamant und ich hatte nicht mehr die Zeit, ihn in einen Ring fassen zu lassen, bevor ich nach Hause aufbrach.

Wenn man einen Diamantring in einem Juweliergeschäft kauft, bekommt man ihn in einer mit Samt ausgekleideten kleinen Schachtel mit, die sich aufklappen lässt. Erwirbt man aber einen losen Stein direkt beim Importeur, wird das kostbare Geschenk nur in ein kleines Stück Wachspapier eingewickelt!

Ein paar Tage später kniete ich mit dem inzwischen eingefassten Diamanten nieder und streckte ihn Shelley entgegen, während ich sie bat, den Rest ihres Lebens mit mir zu verbringen. Ich hielt mein kostbarstes Stück irdischen Besitzes in der Hand. Warum? Weil Shelley es mir wert war.

Das ist das Schöne an dem Tisch, den Gott für uns gedeckt hat. Es ist das Wunder des Einen, der auf uns genau jetzt wartet. Jesus schickt uns keine Botschaft oder einen Boten, der uns sagt, wie kostbar wir sind. Er ist selbst gekommen. Er hat den Preis bezahlt. Er hat eine Ewigkeit darauf gewartet, dass wir uns mit ihm verbinden. Und jetzt sitzt er uns am Tisch gegenüber und sagt uns, dass wir es wert waren.

Wenn der Feind Ihnen einreden will, Sie seien nicht klug genug, nicht stark genug, Sie hätten nicht die richtige Herkunft, Sie seien nicht schön genug und völlig bedeutungslos … dann heben Sie den Kopf und schauen Sie dem König in die Augen. Hören Sie ihm zu, wenn er sagt: *Meine Tochter – mein Sohn – ich möchte nirgendwo lieber sein als hier an diesem Tisch mit dir.* Seine Worte sind Worte des Lebens. (Johannes 6,68) Seine Stimme ist gewaltig. (Psalm 68,34) Sie übertönt alle Lügen des Feindes. Durch seine Gnade können Sie die Oberhand zurückgewinnen, wenn es darum geht, wer an Ihrem Tisch das Sagen hat. Sie können den Teufel aus Ihrer Dinnerparty rauswerfen. In Jesu Namen muss er fliehen.

Kapitel 5

Die Sündenspirale

Anpassungen sind notwendig.

In den letzten zehn Jahren hatte ich das Vorrecht, mit meinem Freund Chette Williams zusammenzuarbeiten, der als Seelsorger für das Football-Team der Auburn University (im US-Bundesstaat Alabama) tätig ist. Dieses Team liebe ich schon seit meiner Kindheit. Der Mannschaft nahe zu sein, Chette bei seiner Arbeit zuzuschauen, die Spieler, Trainer und das übrige Personal zu ermutigen – das alles war für mich ein Traum, der Wirklichkeit geworden war. Es war mir eine Ehre, für diese jungen Männer in guten und in schlechten Zeiten da zu sein.

Meine Rolle bestand darin, ein Freund des Teams zu sein. Es zu unterstützen. Als jemand, der sich intensiv für die Spiele interessierte, freute ich mich besonders darüber, dass ich während der Halbzeit mit den Spielern und Trainern in der Kabine zusammen sein durfte. Als Fan im Stadion hat man keine Einsicht in das, was mit dem Team geschieht. Wenn die Halbzeit beginnt, ist man vielleicht froh, dass der eigene Lieblingsspieler einen Raumgewinn von ein paar Yards erzielt hat. Oder man ist zuversichtlich, dass die betreffende Mannschaft gewinnen wird, weil sie einen Vorsprung von drei Touchdowns hat. Aber in der Kabine kann man mitverfolgen, wie das Team auf eine sehr wirksame Weise neu ausgerichtet wird.

Die Trainer sehen das Spiel aus einer vielschichtigen Perspektive. Sie richten ihren Blick auf die Defensive und Offensive ihrer eigenen Mannschaft und sie kennen deren Strategie in- und auswendig. Genauso studieren sie aber die gegnerische Mannschaft und schauen sich stundenlang Videos früherer Spiele an. Sie kennen die Reaktionen des Gegners in jeder Situation. Die Trainer haben das große Ganze im Blick.

Nun ist es also Halbzeit und die Spieler begeben sich in die Kabine. Sie schnappen sich Wasserflaschen und verschlingen rasch ein paar Energy-Snacks. Dann beginnt die eigentliche Arbeit. Das Offensiv- und das Defensivteam versammelt sich jeweils auf einer Seite des Kabinenraums. Die Trainer werfen Bilder an die Wand oder zeichnen etwas auf das Whiteboard. Einer der Trainer sagt: »Also, immer wenn wir XYZ machen, dann wenden die anderen die Verteidigungstaktik ABC an. Sie schicken diese beiden Spieler nach dort und den Spieler nach da. Dann sieht es so aus, als wollten sie in diese Richtung laufen, aber in Wirklichkeit laufen sie in die andere Richtung. Und das hält uns auf. Deshalb müssen wir jetzt Folgendes tun: Wenn die andere Mannschaft ABC macht, dann machen wir 123. Wir haben in der ersten Halbzeit zwar auf eine bestimmte Weise gespielt, aber in der zweiten Halbzeit ändern wir unsere Taktik.«

Wir können die Schlacht um unser Denken gewinnen.

Ein gutes Training bedeutet, die richtigen Anpassungen vorzunehmen. Und oftmals hängt sogar der Sieg davon ab. Denken wir darüber ein wenig nach. Wir wurden nach dem Bild Gottes geschaffen. Wir sind alle zu Großem berufen. Wir sind Gottes Mitarbeiter, Kinder des Königs, und Gott möchte uns von allem befreien, was uns zurückhält. Gott möchte, dass wir das volle Potenzial entwickeln, das er uns für unser Leben geschenkt hat. Darum sollten wir den Sieg jetzt ernsthaft anstreben, denn Gott hat uns die Möglichkeit gegeben zu fragen:

Wie geht mein Gegner gegen mich vor? Was macht der Feind mit mir? Welche Anpassungen muss ich vornehmen? Wir können die Schlacht um unser Denken gewinnen.

UNKONTROLLIERTE GEDANKEN

Nun ist die Zeit für Anpassungen gekommen. Denken Sie nüchtern und aufrichtig darüber nach, ob Sie dem Teufel einen Platz an Ihrem Tisch gegeben haben. Halten Sie sich vor Augen, was Psalm 23 Ihnen verheißen hat, so wie wir es in den letzten Kapiteln gehört haben: Jesus hat einen Tisch vor Ihnen bereitet im Angesicht Ihrer Feinde. Sie sind umgeben von all dem, was Ihr Leben belastet, und dennoch hat Ihr allmächtiger Gott Sie eingeladen, Platz zu nehmen und zu speisen. Sooft Sie es dem Teufel gestatten, sich an Ihren Tisch zu setzen, drängt er sich in die schöne Dinnerparty hinein, die doch eigentlich nur für Sie und Gott gedacht war. Der Feind beginnt sich das Leben in Fülle einzuverleiben, das für Sie bestimmt war. Er isst sozusagen Ihre Mahlzeit auf. Und Sie schlagen den Weg zu Sünde und Verderben ein.

Der Tod ist in diesem Sinne ein geistlicher Tod – nicht die ewige Verdammnis der Gläubigen, sondern die Zerstörung der engen Gemeinschaft mit Gott, die Sie in ihrer ganzen Fülle und Tiefe genießen sollten. Die Bibel betont, dass nichts uns von Gottes Liebe trennen kann (Römer 8,38-39), und doch kann es passieren, dass ein Mensch, der Christus nachfolgt, sich von Gott entfremdet, wenn er sich dazu entschließt. Wenn der Teufel an unserem Tisch sitzt, kann die Sünde unser Denken in Beschlag nehmen, unser Gewissen verderben und die innige Gemeinschaft zerstören, die wir mit unserem Herrn genießen. Wenn die Sünde unser Leben beeinflusst, verlieren wir unseren Frieden, unsere Wirkkraft, Zuversicht und Freude. Beziehungen werden belastet. Wir können das Potenzial, das Gott uns geschenkt hat, nicht voll ausschöpfen.

Noch komplizierter wird es, wenn unsere eigenen Gedanken und Gefühle sich gemeinsam mit Sünde und Versuchung in eine Abwärtsspirale begeben. Vielleicht habe Sie auch schon festgestellt, dass manche Menschen dazu neigen, dieselben Sünden zu wiederholen. Möglicherweise haben Sie diese Tendenz auch in Ihrem eigenen Leben beobachtet. Manchmal durchläuft diese Spirale mehrere Generationen. Schädliche Muster werden von den Großeltern auf die Eltern übertragen und finden sich dann in unserem eigenen Leben und in dem unserer Kinder wieder. Manchmal ist diese Spirale auch etwas ganz Persönliches. Wenn das Leben hart wird, kehren wir zu unseren vertrauten Versuchungen und Sünden zurück, obwohl wir wissen, dass sie schädlich sind. In jedem Fall aber muss diese Spirale unterbrochen werden. Darum kann es für uns hilfreich sein zu wissen, wie sie funktioniert, damit wir die Pläne des Feindes bekämpfen können. (2 Korinther 2,11)

Wenn die Sünde unser Leben beeinflusst, können wir das Potenzial, das Gott uns geschenkt hat, nicht voll ausschöpfen.

Die Spirale beginnt folgendermaßen: Eine Versuchung oder ein Gedanke, der nicht von Gott stammt, beschäftigt uns. Hier sollten wir bereits eingreifen und die Realität benennen. Wenn uns ein schädlicher Gedanke in den Sinn kommt, stammt er nicht von Gott. Hier müssen wir wachsam sein. Solche Gedanken stammen vom Feind, der oft unsere eigenen Wünsche gegen uns einsetzt. Wie geschieht das? In Jakobus 1,13-15 wird der Anfang der Spirale so beschrieben: »Niemand, der in Versuchung gerät, kann behaupten: ›Diese Versuchung kommt von Gott.‹ Denn Gott kann nicht vom Bösen verführt werden, und er verführt auch niemanden zum Bösen. Es sind vielmehr unsere eigenen selbstsüchtigen Wünsche, die uns immer wieder zum Bösen verlocken. Geben wir ihnen nach, dann haben wir das Böse empfangen und bringen die Sünde zur Welt. Sie aber führt unweigerlich zum Tod.«

Wir werden also von unseren eigenen Wünschen »verführt« und »verlockt«. Das bedeutet, dass der Feind einen Plan für Ihr und mein Leben hat, und dieser besteht darin, uns zu schaden. Sie und ich leben nicht in einem Vakuum, wir treffen keine unabhängigen Entscheidungen. Wir leben auf einem Schlachtfeld. Wir sind vom Bild Gottes geprägt, aber der Feind benutzt uns als Zielscheibe und setzt unsere eigenen Wünsche gegen uns ein, wie Jakobus es darstellt. Unser Feind hasst Gott und will alles zerstören, das nach Gottes Bild geschaffen ist. Dessen sollten wir uns bewusst sein! Der Feind will unsere Träume auslöschen. Sein Ziel ist es, die Bestimmung zu vernichten, die Gott in uns hineingelegt hat. Er will unser Selbstwertgefühl, unsere Zuversicht und Hoffnung rauben. Er will unsere Ehe zerstören und die Beziehung zu unseren Kindern beschädigen. Er will unseren guten Ruf untergraben und dabei auch gleich den Namen Christi in den Schmutz ziehen. Dafür hat er jede Menge Zeit und er kennt kein Erbarmen. Er führt uns auf den Weg des Verderbens, indem er uns einen Gedanken in den Kopf pflanzt, der Gottes guten Absichten für unser Leben zuwiderläuft. Dieser Gedanke verführt uns und gärt in uns weiter.

Doch trotz dieser boshaften Absichten des Feindes möchte ich nicht, dass Sie ängstlich oder gar paranoid werden. In 1. Johannes 4,4 heißt es: »Gott, der in euch wirkt, ist stärker als der Teufel, von dem die Welt beherrscht wird.« An diesen Vers sollten Sie denken. Ich möchte auch nicht, dass Sie sich allzu sehr mit dem Teufel beschäftigen und meinen, alles Schlechte, das in Ihrem Leben passiert, käme direkt von ihm. Wenn Sie morgens zur Arbeit müssen und Ihr Auto springt nicht an, kommen Sie wahrscheinlich nicht schneller zur Arbeit, indem Sie den Teufel aus Ihrem Motorraum verbannen. Sie brauchen eher ein Überbrückungskabel. Ihr Auto hat nur eine leere Batterie.

Andererseits können Sie Ihr Leben auch nicht mit Scheuklappen führen und meinen, die Welt sei ein neutraler Ort. Sie haben einen realen Feind, der Ihren Kopf ständig mit schädlichen Gedanken füttert und das Ziel verfolgt, Sie auszulöschen. Am besten gelingt ihm das mit Gedanken, die nicht kontrolliert werden. Und das muss gestoppt werden. Darum brauchen wir die Halbzeitpause, um Anpassungen vorzunehmen.

ANGLERLEKTIONEN

Die Sünde kann auf den ersten Blick so gut aussehen. Sogar hilfreich. Wir möchten gern glauben, dass die verführerischen Gedanken in unserem Kopf eine Lösung für die Probleme darstellen, vor denen wir stehen. Doch seien wir auf der Hut.

Unser Feind ist jemand, den wir ernst nehmen müssen – er ist seinem Wesen nach jemand, der täuscht und irreführt. In 1. Mose 3,1 heißt es von der Schlange, sie sei »listiger als alle anderen Tiere, die Gott, der Herr, gemacht hatte«. Das bedeutet, der Teufel ist schlau, hinterhältig und betrügerisch. Er betreibt mit uns eine Art geistliches Hütchenspiel: Er zeigt uns, unter welchem Becher der kleine Ball versteckt ist, dann schiebt er die Becher in schneller Geschwindigkeit hin und her, sodass wir das Spiel auf jeden Fall verlieren.

Der Teufel betritt unser Leben nie durch die Vordertür und kündigt nicht an, dass er uns vernichten will. Er zeigt uns kein Foto von uns, wie wir in achtzehn Monaten aussehen, wenn wir allein in einem gemieteten Zimmer wohnen, weil wir die meisten unserer vertrauensvollen Beziehungen verloren haben. Er lenkt unsere Aufmerksamkeit nicht auf eine PowerPoint-Präsentation, in der er uns Schritt für Schritt zeigt, wie er uns zu Fall bringen will. Stattdessen schlüpft er durch die Hintertür herein. Er verlockt und verführt uns. Es ist wie beim Angeln.

Wir hüpfen nicht ins Boot, rudern zur Mitte des Sees und rufen durch das Megafon: »Achtung! Alle Fische mal herhören! Ich werfe jetzt einen rasiermesserscharfen Haken ins Wasser. Da müsst ihr reinbeißen. Dann ziehe ich mit aller Kraft daran, zerre euch ins Boot und hole den Haken mit einer Zange wieder raus. Der Widerhaken zerfetzt euch das Maul. Ich werfe euch in eine Kühlbox und fahre mit euch ans Ufer zurück, wo ich eure Schuppen abkratze, eure Innereien rausnehme und euch über dem Feuer in einer Pfanne mit Butter brate. Noch Fragen? Also, los geht's!«

Ganz bestimmt nicht. Wer fischen will, geht geschickter vor. Er prüft die Temperatur, die Windgeschwindigkeit und den Schattenwurf auf dem Wasser. Er berät sich mit anderen Anglern, öffnet seinen Gerätekasten und wählt den perfekten Köder für diesen See und die Fischart aus, die er fangen will. Der Haken ist nie offensichtlich. Er sieht nie bedrohlich aus. Der Köder ist hell und bunt. Er dreht sich und verkündet: »Gratis-Mahlzeit!« und »Das hier ist eine ganz tolle Sache!«. Der Angler will den Fisch faszinieren. Ihn anlocken. Der Fisch soll den verführerischen Köder verfolgen mit aufmerksamem Blick und weit geöffnetem Maul. Der Angler stellt nie den Haken in den Mittelpunkt, sondern die angebliche Belohnung. Sein oberstes Ziel besteht darin, den großmäuligen Barsch zum Anbeißen zu bringen.

Der Teufel hält die Angelschnur in der Hand. Darum müssen wir ständig nach seinen Ködern Ausschau halten. Wenn uns die Versuchung oder der schädliche Gedanke über den Weg laufen, sehen diese wahrscheinlich nicht schlecht aus – zumindest nicht gleich. Am Anfang verheißen Sie etwas Gutes. Die Sünde bietet eine Lösung an. Sie garantiert Erleichterung. Wenn wir niedergeschlagen sind, muntert sie uns auf. Wenn wir uns festgefahren haben, zeigt sie uns den Ausweg. Wenn es uns schlecht geht, verspricht sie Trost. Wenn wir aufgebracht sind, bietet sie uns die perfekte Gerechtigkeit an. Wenn wir uns einsam fühlen, wird sie uns zum besten Freund.

Alles Lügen.

All das vermeintlich Gute, die falschen Lösungen, die Erleichterung, der Trost, die Gerechtigkeit, die Freundschaft. All diese Versprechungen sind leer. Die Sünde ist nicht unser

Kumpel und Freund. Sie steht nicht auf unserer Seite. Sie stärkt uns nicht den Rücken. Sie ist nicht das Wunderelixier, das sie zu sein vorgibt. Sie ist eine Fata Morgana, die immer mehr verspricht, als sie hält.

Der Teufel wirkt in unserem Leben, indem er verführt und lügt. Er verspricht Dinge, die er nicht halten kann. Er stellt Gottes Wahrheit infrage. Er greift Gottes Charakter und seine Absichten an. Er sagt Dinge wie: *Klar, Gott enthält dir etwas vor – du kannst ihm nicht vertrauen. Im Grunde genommen sagte er zu Eva: Wenn du von dieser Frucht isst, werden dir die Augen geöffnet; du wirst sein wie Gott.* Der Feind appelliert an unsere Grundbedürfnisse. Wir alle wünschen uns Anerkennung, Wertschätzung, Zufriedenheit, Erfüllung und Glück. Der Feind hält uns ständig einen Köder vor die Nase und belügt uns: *Hier, das wird deine Bedürfnisse erfüllen. Nimm einen Bissen. Du verdienst es, glücklich zu sein.*

Hinzu kommt, dass der Feind oft andere Menschen gebraucht, um uns zu übereilten Entscheidungen zu ermutigen. Manchmal sollten wir besser unseren Freundeskreis wechseln, wenn dieser die Gewohnheit hat, uns den roten Teppich auszurollen, sobald wir Dummheiten begehen wollen. Vielleicht befinden wir uns mit den falschen Leuten in einem Aufzug. Statt nach oben zu fahren, wo es um Gottes Sache geht, nehmen sie uns mit nach unten, wo unsere Niederlage auf uns wartet, denn genau dort leben auch sie. Gescheiterte Menschen haben die Neigung, anderen ebenfalls das Scheitern zu wünschen und nicht den Erfolg.

Fallen Sie auf diese Lügen nicht herein. Verfolgen Sie nicht den Köder. Geben Sie dem Feind keinen Platz an Ihrem Tisch.

IM NAHKAMPF

An dieser Stelle möchte ich gerne klarstellen: Wenn ein schädlicher Gedanke oder eine Versuchung uns das erste Mal in den

Sinn kommt, ist dies an sich keine Sünde. Auch Jesus geriet in Versuchung. Der Feind schickte ihm schädliche Gedanken. Er sprach sogar mit ihm in der Wüste (Matthäus 4,1-11) und Jesus hörte seine Worte. Allerdings hatte Jesus sich entschieden, der Stimme des Teufels nicht zu folgen. Wenn uns ein schädlicher Gedanke oder eine Versuchung in den Sinn kommt, dann haben wir die Wahl. Wir können den Gedanken entweder beiseiteschieben oder ihn weiterverfolgen. Wenn wir ihn beiseiteschieben, ist es gut. Wenn wir uns aber weiter mit ihm beschäftigen, dann sitzt der Teufel bereits an unserem Tisch. Die Sünde geschieht in dem Augenblick, in dem wir an dem schädlichen Gedanken festhalten und ihn in unserem Kopf Wurzeln schlagen lassen.

Die Sünde geschieht in dem Augenblick, in dem wir an dem schädlichen Gedanken festhalten und ihn in unserem Kopf Wurzeln schlagen lassen.

Jesus lehrt dies in der Bergpredigt. Viele Menschen ließen unheilvolle Gedanken bei sich zu, auch wenn sie diese nicht auslebten. Sie meinten, damit sei alles in Ordnung. Aber dann kam Jesus und sprengte diese Vorstellungen. In Matthäus 5,21-22 und 27-28 sagt er sinngemäß: *Ihr meint, dass ihr euch richtig verhaltet, nur weil ihr niemanden umgebracht habt. Aber wisst ihr, was? Wenn ihr jemanden so sehr hasst, dass ihr ihm den Tod wünscht, dann ist das so schlimm wie ein Mord. Ihr denkt, wenn ihr nicht tatsächlich mit jemandem im Bett wart, mit dem ihr nicht verheiratet seid, dann wäre das in Ordnung. Doch wisst ihr, was? Wenn ihr euch auch nur in Gedanken eine solche unerlaubte Beziehung ausmalt, dann ist es das ebenso falsch. Ihr begeht mit dieser Person eine Sünde in eurem Herz.*

An einem schädlichen Gedanken festzuhalten ist so schlecht wie die schädliche Tat selbst. Das ist der springende Punkt. Wie leicht meinen wir, nicht gesündigt zu haben, weil wir den sündhaften Gedanken nicht ausgelebt haben. Tatsache ist aber: Schon der Gedanke selbst spiegelt nicht mehr die Herrlichkeit Gottes wider. Wenn wir ihn weiter pflegen, dann besudeln wir damit unsere Beziehung zum Herrn. Der Gedanke setzt sich in unserem Kopf fest und besitzt die Macht, uns vom richtigen Kurs abzubringen. Römer 12,2 warnt uns: »Passt euch nicht den Maßstäben dieser Welt an, sondern lasst euch von Gott verändern, *damit euer ganzes Denken neu ausgerichtet wird.* Nur dann könnt ihr beurteilen, was Gottes Wille ist, was gut und vollkommen ist und was ihm gefällt.«

Die beunruhigende Realität ist: Wenn wir den schädlichen Gedanken in unserem Kopf Heimat geben, werden wir der Versuchung irgendwann nachgeben.

Punkt.

Viele Leute beharren auf der Meinung, dass schädliche Gedanken nicht immer zu schädlichem Verhalten führen. Doch das sehe ich nicht so. Schädliches Verhalten beginnt *immer* mit schädlichen Gedanken, mit denen sich der Mensch lange getragen hat; und schädliche Gedanken, mit denen man sich längere Zeit beschäftigt, führen immer zu schädlichem Verhalten. Diese Gedanken müssen unterbunden werden. Wenn wir sie lange genug zulassen, werden sie die Schlacht um unser Denken gewinnen.

Manchmal tun wir tatsächlich das, worüber wir nachgedacht haben; aber es gibt auch Situationen, in denen sich nur unsere Haltung gegenüber dem sündhaften Gedanken ändert. Wir erwärmen uns nämlich mit der Zeit für ihn. Auf jeden Fall aber haben die schädlichen Gedanken einen negativen Einfluss auf uns. Wenn wir immer wieder über Ehebruch nachdenken, kann es sein, dass wir irgendwann tatsächlich einen solchen begehen. Oder wir kommen zu dem Schluss, dass Ehebruch gar nicht so schlimm ist, weil wir ihn uns in Gedanken immer wieder vorgestellt haben. Dann meinen wir, ein Ehebruch würde uns guttun. Er würde uns die Tür öffnen. Er sei die Lösung für unsere Eheprobleme. Alles Lügen.

Denn leider ist auch Folgendes wahr, weswegen die Köder des Teufels auch so gefährlich sind: Die Sünde fühlt sich in der Regel gut an. Wenn auch nur für einen Moment. Oft lassen wir diesen Teil der Geschichte in der Predigt aus, aber er sollte besser erzählt werden, wenn wir uns gegen die Pläne des Teufels wappnen wollen. Sünde kann Spaß machen – zumindest für eine Weile. In Sprüche 14,12-13 heißt es ganz klar: »Manch einer wähnt sich auf dem richtigen Weg – und läuft geradewegs in den Tod. Auch hinter Lachen kann sich Kummer verbergen. Wenn die Freude verrauscht ist, bleibt die Trauer zurück.« Stimmen Sie dem zu? Diese Beschreibung aus den Sprüchen klingt so, wie viele Leute ihre Wochenenden verbringen. *Mann, wir haben uns beinahe totgelacht. Wir hatten dermaßen viel Spaß. Aber am nächsten Morgen ging es mir echt dreckig.*

Mose wuchs als Ziehsohn der Pharaonentochter auf. Er hätte alle Privilegien des Lebens im ägyptischen Palast genießen können. Dennoch heißt es in Hebräer 11,25: »Lieber wollte er gemeinsam mit Gottes Volk Unterdrückung und Verfolgung erleiden, als für kurze Zeit das gottlose Leben am Königshof zu genießen.« Mose ging in eine andere Richtung. Das Vergnügen der Sünde mag für uns ein Genuss sein, aber dieser ist nie von *langer* Dauer und er ist sicherlich nicht dazu geeignet, Gott zu ehren. Sündhaftes Vergnügen schenkt keinen Frieden und keine Erfüllung. Es führt zu Schäden, Trennung, Enttäuschung und Scham.

Und genau so funktioniert das. Der Teufel zeigt uns einen Köder. Wir beißen an, aber es kommt nicht das dabei heraus, was uns versprochen wurde. Stattdessen geraten wir in eine Abwärtsspirale von Schande, Trennung und Zerstörung.

SÜNDE IST NIE DIE LÖSUNG

Manche Leute sagen, sie gingen nicht gern zur Kirche, weil sie dann Schuldgefühle bekämen. Doch diese Schuldgefühle tauchen ja nicht deshalb auf, weil der Prediger oder die Predigerin sie ihnen einredet. Sie sind ohnehin schon da. Gott hat uns ihm ähnlich erschaffen und wenn wir diese Ähnlichkeit mit Füßen treten, hat dies für unsere Seele negative Folgen. Wenn wir sündigen, sind wir frustriert. Fühlen uns schuldig. Beschämt. Das hängt damit zusammen, dass wir dem nicht gerecht werden, wozu Gott uns bestimmt hat. Zerknirscht murmeln wir vielleicht: »Ich kann es nicht glauben, dass ich das schon wieder getan habe. Ich kann es nicht glauben, dass ich schon wieder dorthin gegangen bin.«

Wir sind mitten drin in der Abwärtsspirale. Es beginnt damit, dass wir irgendeinen Verlust empfinden oder irgendwelche Probleme haben. Es geht uns nicht gut. Wir suchen Erleichterung. Der Feind ist in der Nähe und handelt schnell. Wir erblicken die verbotene Frucht, die er uns anbietet. Sie sieht nicht schlecht aus. Eine Weile denken wir darüber nach und fragen uns vielleicht, warum Gott uns diese Frucht überhaupt vorenthält. Vielleicht liebt er uns ja nicht wirklich. Also folgen wir unseren Gedanken und beißen hinein. Einen kurzen Moment lang schmeckt die Frucht gut. Wir schlucken den letzten Bissen hinunter und erkennen plötzlich wie Adam und Eva, dass wir nackt sind. Wir schämen uns für das, was wir getan haben.

Also sind wir wieder am Anfang. Wir empfinden eine Art Verlust. Irgendein Problem. Es geht uns nicht gut. Nur dass unser Elend dieses Mal durch unsere Scham verursacht wurde. Es geht uns schlechter als zuvor.

Wir wollen es noch einmal klar festhalten: Wenn es uns miserabel geht und wir sündigen, um uns besser zu fühlen, dann wird der Schmerz, den wir jetzt empfinden, auch morgen noch da sein, nur schlimmer. Wenn wir von unserem Vorgesetzten eine schlechte Beurteilung bekommen haben, tut das weh. Wenn wir aber meinen, dass die Lösung darin besteht, uns zu betrinken, dann passiert was? Dann wird uns die schlechte Beurteilung auch morgen noch wehtun. Und dazu kommt unser Kater mit üblen Kopfschmerzen.

In solchen jammervollen Augenblicken vollführt die Abwärtsspirale in der Regel noch eine weitere überraschende

Drehung. Wenn die Sünde geschehen ist und wir uns elend und beschämt fühlen, ändert der Feind seine Taktik. Bis jetzt hat er uns ständig zugeflüstert: *Siehst du die Frucht? Sie sieht gut aus, nicht wahr? Gott hat sie dir bisher verweigert. Er hat aber nicht gesagt, dass du sie nie haben kannst. Ich verspreche dir: Wenn du sie isst, wird dein Problem gelöst.* Doch sobald wir die Frucht essen und sich Schuldgefühle, Scham und Frust einstellen, schlüpft der Feind in eine andere Rolle. Jetzt ist er nicht mehr der, der uns zu etwas verlocken will und uns Versprechungen macht, sondern er wird nun zu unserem Ankläger, der uns verdammt.

Jetzt kommt er so richtig in Fahrt. Er sagt uns, wir seien die dämlichste Person, die ihm je begegnet ist. Wir seien der erbärmlichste Christ schlechthin. *Wenn je ein Christ überhaupt nichts begriffen hat, dann bist du das. Du bist einfach hoffnungslos. Eine totale Fehlanzeige. Mann, hast du es diesmal vermasselt! Gott hasst dich. Er ist wütend auf dich. Du hast dich so weit von ihm entfernt, dass du nie wieder zurückfinden wirst. Schauen wir uns doch noch mal an, was du gerade getan hast. Du gibst so ein jammervolles Bild ab!*

Und wie oft lassen wir es zu, dass er uns so anklagt. Wir wissen, dass wir etwas Falsches getan haben, also stimmen wir unserem Feind kleinlaut zu. Derselbe Feind, der uns zuvor mit einem Versprechen gelockt hat, zermalmt uns jetzt mit seinen Anklagen – und wir geben ihm recht. *Ja, stimmt. Ich hab's wieder vermasselt und ich weiß das. Ich weiß, was ich für ein jammervolles Bild abgebe.*

Stattdessen sollten wir lieber schreien: »Halt den Mund! Du hast mir doch eingeredet, dass das eine tolle Idee wäre. Ich hab genug von dir. Ich bin ein Kind Gottes, eine neue Schöpfung, und diese Tatsache ändert sich auch dann nicht, wenn ich gesündigt habe.« Wenn der Feind uns wegen einer Sünde anklagen kann, dann kann er uns auch verurteilen, und das versetzt uns den letzten Schlag. Wenn er diesen Punkt erreicht hat, spricht er das Urteil über uns. *Du bist unwürdig. Du bist erledigt. Du bist ein totaler Versager. Du hast keinen Wert mehr. Und keine Zukunft.* Haben Sie schon einmal miterlebt, wie ein Gebäude abgerissen wird? Erst wird es für unbrauchbar erklärt und dann dem Erdboden gleichgemacht.

Genau das will der Feind mit uns auch machen. Er will uns in Schutt und Asche legen. Wenn er uns anschuldigen kann, dann kann er uns auch verurteilen. Und wenn er uns verurteilen kann, dann kann er uns vernichten. *Der kleine schwache Christ da drüben hat schon wieder gesündigt, flüstert er und reibt sich schadenfroh die Hände. Holt die Abrissbirne.*

Doch es gibt eine gute Nachricht: Ein riesiger Unterschied zwischen Gott und dem Satan besteht nämlich darin, dass der Feind uns verurteilen will, Gott uns aber unsere Sünde lediglich aufzeigt. Zwischen diesen beiden Aktionen liegen Welten. Die Verurteilung geschieht aus einer Haltung des Hasses. Das Aufzeigen von Sünden aber geschieht aus Liebe.

DIESES MAL WIRD ES ANDERS

Wenn wir mit der Sünde zu kämpfen haben, nimmt Gott keinen neutralen Standpunkt ein. Er macht uns auf unsere Verfehlungen aufmerksam, aber nur deshalb, weil wir ihm wichtig sind. Er liebt uns so sehr, dass er uns nicht auf dem schädlichen Weg weiterlaufen lässt. Wenn wir das Gefühl haben, wir sollten unser Denken korrigieren, dann empfinden wir ein Gefühl der Reue, und diese Anregung kommt von Gott. Gott möchte uns wiederherstellen. Wenn wir aber das Gefühl haben, nutzlos zu sein, und am liebsten alles hinwerfen und verschwinden würden, wenn wir uns hoffnungslos und als komplette Versager vorkommen – dann ist dieses Denken vom Feind bestimmt. Wir sollten also aufpassen, dass wir auf die richtige Stimme hören.

> Wenn wir das Gefühl haben, wir sollten unser Denken korrigieren, kommt diese Anregung von Gott. Er möchte uns wiederherstellen.

Die beiden Stimmen unterscheiden sich folgendermaßen:

Die Verurteilung beruht auf der Schuld.
Das Aufzeigen von Schuld beruht auf der Gnade.

Die Verurteilung führt dazu, dass wir unsere Sünde verheimlichen.
Das Aufzeigen von Schuld bringt uns dazu, diese zu bekennen.

Die Verurteilung bereitet uns ein schlechtes Gewissen (wir fühlen uns wegen unserer Taten schlecht).
Das Aufzeigen von Schuld ruft uns zur Buße auf (wir kehren in die andere Richtung um).

Die Verurteilung bringt uns dazu, dass wir uns gute Vorsätze vornehmen.
Das Aufzeigen von Schuld erfordert, dass wir uns Gott ganz unterordnen.

Die Verurteilung führt uns auf den Pfad des Scheiterns.
Das Aufzeigen von Schuld ist der schnellste Weg zu echter Veränderung.

Ich wuchs in einer geistlichen Kultur auf, in der es normal war, sein Leben Jesus immer wieder »neu zu übergeben«. Vielleicht war es bei Ihnen ähnlich. Sollten Sie mit diesem Phänomen nicht vertraut sein, hier eine kurze Beschreibung dessen, was sich auf Jugendfreizeiten und Gemeindeveranstaltungen regelmäßig ereignete: Nach der Predigt spielte die Musik, der Chor sang und der Prediger lud alle ein, die gerettet werden wollten. Er wartete eine Weile und wenn niemand kam, spielte die Musik weiter und der Chor sang weiter und der Prediger sprach eine weitere Einladung aus an alle, die ihr Leben Gott noch einmal neu übergeben wollten. Sie sollten nach vorne kommen. Gewöhnlich kamen daraufhin ein paar Leute. Wenn es bereits der vierte Abend der Jugendfreizeit war, wurde der Altarraum von Menschen und Tränen förmlich überflutet.

Der Ruf zu einer erneuten Lebensübergabe war gut gemeint. Der Prediger trug dem Rechnung, dass Menschen nun einmal vom richtigen Weg abkommen und Gottes Gnade ihnen eine zweite Chance gewährt. Wenn wir uns von Gott entfernt haben, gibt es immer Hoffnung. Wir dürfen zu ihm zurückkommen. Die Menschen, die aus den Kirchenbänken aufstanden und nach vorne gingen, um ihr Leben Gott neu zu übergeben, nahmen damit Gottes Gnade an. Sie waren schon gläubig, hatten aber gesündigt und die Herrlichkeit Gottes verfehlt. Nun suchten sie Buße und einen Neuanfang. Das war gut.

Allerdings bin ich kein großer Fan von solchen Aktionen. Warum? Weil ich selbst mehr als einmal nach vorne ging und Gott versprach, dies sei das letzte Mal. Irgendwie dachte ich in diesem Moment der großen Gefühle, dass ich die Kraft hätte, meine Geschichte selbst neu zu schreiben. Ich ging in den Gottesdienst. Ich besuchte die Jugendgruppe und nahm an dieser oder jener Freizeit teil. Ich schrieb meine Sünden auf ein Blatt Papier und warf sie ins Lagerfeuer oder nagelte sie an ein Kreuz, das auf dem Gelände aufgestellt war. Ich zog mit einem Zweig eine Linie in den Sand und zerbrach dann den Zweig, so wie Christus das Joch der Sünde zerbricht.

Haben Sie auch schon einmal etwas Ähnliches gemacht? Vielleicht war es keine Freizeit oder Konferenz. Vielleicht sind Sie einfach auf die Knie gegangen und haben gebetet: »Lieber Gott, ich verspreche dir: Wenn du mir dieses Mal vergibst, dann werde ich diese Sünde nie, nie wieder tun.« Dann standen Sie auf und seufzten erleichtert. Wie schön, ich habe Gott mein Leben wieder neu übergeben. Eine Woche später knien Sie wieder hin und sagen: »Herr, ich weiß, letztes Mal habe ich gesagt, ich würde das nie wieder tun. Aber jetzt habe ich es doch getan. Doch ab jetzt wird alles anders. Ich verspreche es dir. Dieses Mal meine ich es wirklich so. Wenn du mir noch einmal vergibst, dann schwöre ich, dass es das letzte Mal gewesen ist.«

Ich will nicht an der kirchlichen Kultur rütteln, die meine Jugend prägte. Aber ich möchte uns alle dazu herausfordern, uns diese Kultur der erneuerten Lebensübergabe einmal etwas gründlicher anzuschauen. Denn es kann so leicht passieren, dass man in ein sich ständig wiederholendes Muster verfällt und sein Versprechen der Hingabe an Gott immer wieder erneuert. Eine Sünde geschieht und wir versprechen, uns zu ändern. Wir reißen uns zusammen, bitten Gott um Vergebung und versprechen ihm, dass es das nächste Mal anders läuft. Doch dann fallen wir wieder hin. Wir stehen auf, klopfen den Staub ab, bekennen unsere Sünde und übergeben Gott unser Leben neu. *Ich verspreche es. Ich schwöre es. Ich lege ein Gelübde ab. Du hast mein Wort, Gott. Das war das letzte Mal. Ehrlich!*

Solche erneuerten Lebensübergaben sind oft mit dem unmöglich zu haltenden Versprechen gepaart, dass wir nie wieder sündigen werden. Das große Problem daran ist, dass dies nur unsere Bemühungen widerspiegelt, selbst in unserem Leben Ordnung zu schaffen. Wir leisten den Eid. Wir nehmen die Verpflichtung auf uns. Wir versprechen Gott, was wir tun werden, um uns zu ändern. Aber leider reichen unsere aufrichtig gemeinten Versprechen nicht aus, um eine dauerhafte Veränderung herbeizuführen. Die große Gefahr ist: Wir wiederholen unsere Lebensübergabe an Gott so oft, dass wir an den Punkt der Hoffnungslosigkeit geraten. Wir kommen zu dem Schluss, dass sich nichts jemals ändern wird. Irgendetwas ist am Evangelium verkehrt. Oder bei uns selbst stimmt irgendetwas nicht.

Viel zu viele Christen steigen an diesem Punkt aus. *Das mit dem Glauben hat nicht funktioniert, also lasse ich es sein. Gott hat mich nicht verändert, also kann ich ihn wohl vergessen.* Am Tiefpunkt der Spirale angelangt, merken wir, wie verwundbar, schwach und isoliert wir sind. Wir fühlen uns leer und verzweifelt. Also verstecken wir uns. Wir verstecken uns vor unseren Freunden. Wir verstecken uns vor Gott. Doch er geht in der frischen Abendluft im Garten Eden umher und sehnt sich danach, wie früher mit uns zu sprechen. Und wir? Wir verbergen uns hinter Feigenblättern in dem schwachen Versuch, ihm aus dem Weg zu gehen. Wenn Gott in die eine Richtung geht, schlagen wir die andere ein.

Uns zu verstecken ist das Schlimmste, was wir tun können. Wenn wir uns vor Gott verbergen, sind wir auf eine weitere List des Feindes hereingefallen. Er sitzt bei uns am Tisch und hat mittlerweile schon fast unsere ganze Mahlzeit aufgegessen. Wir spüren bereits all die Symptome der Unterernährung und des Verhungerns in unseren Emotionen, unseren Beziehungen und unserem Geist. Die unerfüllte Sehnsucht, die uns überhaupt in diese üble Situation gebracht hat, taucht wieder auf. Wir brauchen Liebe. Wir brauchen Frieden. Wir brauchen Verständnis. Wie brauchen Wertschätzung, Bedeutung, Sinn und Erfüllung in unserem Leben. Wir sind wieder genau dort angekommen, wo wir angefangen haben. Und wieder hält uns der Feind seinen glänzenden Köder hin und sagt: *Hey, du brauchst ein bisschen Spaß. Weißt du noch, wie gut es dir ging – zumindest für ein Weilchen –, als du das letzte Mal diesen Weg eingeschlagen hast? Lass es uns noch mal machen.* Und hier ist er wieder, derselbe schädliche Gedanke, der versucht, in unserem Kopf sein Zelt aufzuschlagen. Nein, die Lösung besteht nicht darin, dass wir Gott ein weiteres Mal unser Leben übergeben.

Die Lösung besteht in unserer Kapitulation.

Diese geschieht, wenn wir unsere Hände erheben und sagen: »Gott, offenbar kann ich nichts tun, um diese Situation zu ändern. Aber Jesus, du kannst es. Ich will mich nicht mehr vor dir verstecken. Ich werde mein Herz öffnen für deine Liebe und deine Lösungen und für das forschende und heilende Wirken des Heiligen Geistes. Ich will dir und deiner Leitung folgen, Jesus. Du hast durch deinen Tod am Kreuz diesen Krieg gewonnen. Es mag sein, dass ich noch ein paar Schlachten schlagen muss, aber du hast am Ufer einen Brückenkopf des Sieges für mich eingerichtet. Dank deines Sieges kann ich vorangehen. Ich öffne mich für die harte Aufgabe, dass ich dich die Veränderung in meinem Leben schaffen lasse und darin mit dir zusammenarbeite. Ich bete dies im Namen und in der Kraft Gottes, der dich von den Toten auferweckte. Ich lege mein Leben – und dieses bestimmte Problem – in deine Hand.«

Das ist das Wirken der Auferstehungskraft und so lädt Gott uns zum Sieg ein. Das sind fantastische Neuigkeiten! Jesus ermöglicht es uns, der Spirale der Versuchung und der Sünde zu entkommen. Gottes Verheißung an uns findet sich in 1. Korinther 10,13: »Die Prüfungen, denen ihr bisher ausgesetzt wart, sind nicht über ein für uns Menschen erträgliches Maß hinausgegangen. Und Gott ist treu; er wird euch auch in Zukunft in keine Prüfung geraten lassen, die eure Kraft übersteigt. Wenn er euren Glauben auf die Probe stellt, wird er euch auch einen Weg zeigen, auf dem ihr die Probe bestehen könnt«. (NGÜ)

Denken wir einen Augenblick darüber nach.

Gott. Wird. Euch. Einen. Weg. Zeigen.

Das steht felsenfest. Es ist eine Verheißung an uns von dem allmächtigen Gott. Wir müssen es dem Feind nicht gestatten, dass er einen Stuhl holt und sich zu uns setzt. Wir können ein Leben des Sieges führen. Wir können die Schlacht um unser Denken gewinnen.

Kapitel 6

Die Revolution der Freiheit

Stellen Sie sich einmal vor, Sie würden in einer sumpfigen Gegend wandern. Sie kommen nur schlecht voran und sind ganz auf sich allein gestellt. Immer wieder schauen Sie sich nach Raubtieren um, haben aber nicht bemerkt, dass sie plötzlich in ein sandiges Gelände geraten sind. Der Untergrund fühlt sich beim ersten Schritt schwammig an. Beim zweiten auch. Plötzlich gibt der Boden nach.

Sie stecken bis zu den Knien im Treibsand.

Er ist feucht. Und er bewegt sich. Sie kommen nicht mehr raus und sinken langsam tiefer. Sie schreien um Hilfe, aber es ist niemand in der Nähe. Sie kämpfen, um sich zu befreien, doch es gibt nichts, woran Sie sich festhalten können, um sich herauszuziehen. Sie kämpfen weiter. Sie strampeln gegen den nassen Sand an und stecken trotzdem nach kurzer Zeit bis zu den Oberschenkeln fest und sinken langsam weiter ab. Sie sind gefangen. Und geraten jetzt definitiv in Panik.

Eine Stunde vergeht. Und noch eine. Und noch eine. Die Sonne brennt auf Sie herunter. Sie schwören sich, nicht aufzugeben, sind aber allmählich erschöpft. Je mehr Sie kämpfen, desto weiter zieht der Treibsand Sie nach unten. Irgendwo haben Sie mal gehört, dass man nicht dagegen ankämpfen soll, weil man sonst noch schneller sinkt. Aber das widerspricht Ihrem Instinkt. Sie strampeln weiter. Versuchen, nach irgendetwas zu greifen. Der raue Sand zerkratzt Ihre Haut. Sie stecken jetzt bis zur Hüfte darin, ihr Körper ist fest eingeklemmt. Wieder vergeht eine Stunde. Und noch eine. Jetzt reicht Ihnen der Sand bis zur Brust. Sie haben kaum noch Kraft zum Strampeln. Und können sich kaum noch bewegen.

Treibsand hat eine seltsame Eigenschaft: Aufgrund der physikalischen Prozesse, die eintreten, wenn Sand ins Rutschen gerät und das Gewicht sich verteilt, ballen sich die Sandkörner, die uns gefangen halten, fast immer zusammen und verbinden sich, bevor wir zu tief einsinken.[3] Anders als es in Filmen dargestellt wird, versinkt man nicht plötzlich von Kopf bis Fuß im Sand. In der realen Welt kann man zwar sehr tief absinken, vor allem wenn man dagegen ankämpft, und tatsächlich kann man im Treibsand auch umkommen. Allerdings sterben Menschen selten daran, dass sie versinken und ersticken, wie man vielleicht denken könnte. Stattdessen sterben sie vor Erschöpfung. An den Folgen ihrer Verzweiflung und ihres Ausgeliefertseins.

Sie sterben, weil sie sich bei ihrem Versuch zu entkommen vollkommen verausgaben.

Beim Kampf mit der Sünde gilt Ähnliches. Viele von uns strampeln sich ab, weil sie falsche Entscheidungen getroffen haben; jahrelang haben sie gegen die Spirale der Sünde und Versuchung angekämpft, als wäre sie Treibsand, und sie werden trotzdem immer weiter in die Tiefe gezogen. Wir kämpfen unaufhörlich, aber es gelingt uns einfach nicht, wieder festen Grund unter die Füße zu bekommen. Wir sind verzweifelt, geraten in Panik oder in eine geistliche Erschöpfung. Egal wie sehr wir uns anstrengen, wir können uns nicht selbst befreien, und es fühlt sich an, als wären wir an dem Punkt angekommen, wo wir nicht mehr weiterkämpfen können. Wir sind kurz davor aufzugeben.

Doch wissen Sie, was? Sie müssen sich nicht vom Treibsand der Sünde verschlucken lassen.

UMZINGELT, BEKLEIDET, GEBOREN, NEU

Wir haben den Sieg in Christus. Das ist kein frommes Gerede oder Kirchenrhetorik. Jesus hat bereits gewonnen. Er sitzt auf dem Platz des Siegers an der rechten Seite Gottes. (Hebräer 12,2) Wenn die Ewigkeit sich zu entfalten beginnt, wird Jesus nicht auf die Erde zurückkehren, um die Sünde ein weiteres Mal zu bekämpfen. Er wird als der endgültige Sieger wiederkommen. Weil Jesus den Sieg über die Sünde bereits errungen hat, haben wir ebenfalls den Zugang zu diesem Sieg. Wir sind vom Treibsand der Sünde befreit, weil wir in unserer neuen Identität leben. Die Sünde, die Versuchung und eine schlechte Gedankenwelt müssen uns nicht mehr festhalten. Die Kraft, frei zu leben, entspringt aus unserer engen Verbindung mit Christus und seinem Sieg.

Die Kraft, frei zu leben, entspringt aus unserer engen Verbindung mit Christus und seinem Sieg.

Doch eines sollten wir klarstellen: Unsere Schlacht ist nicht gewonnen, weil der Druck aus unserem Leben verschwindet oder die Umstände sich ändern. Das haben wir schon bei unserer Betrachtung von Psalm 23,4-5 gesehen. Unser ganzes Leben lang müssen wir immer noch durch finstere Täler gehen. Wir werden weiterhin an einem Tisch sitzen, der von Feinden umzingelt ist. Die Schlacht ist nicht deshalb gewonnen, weil der Druck weg ist, sondern weil jemand mit uns durch das finstere Tal geht und bei uns am Tisch sitzt, wenn wir von Problemen umgeben sind.

Was bedeutet es, mit Christus und seinem Sieg verbunden zu sein? Schauen wir uns diesen Gedanken einmal genauer an. In 2. Korinther 5,17 heißt es, wir seien »in Christus« und eine »neue Schöpfung«, während Galater 3,26-28 betont, wir seien mit Christus »bekleidet« worden. Das bedeutet, dass Jesus uns völlig neu macht und wir ganz und gar in seine Gerechtigkeit eingehüllt sind. Kolosser 3,3 spricht davon, dass unser Leben »mit Christus verborgen« ist. Stellen wir uns einen verborgenen Raum in einem Haus vor oder eine verborgene Tasche in einem Mantel. Wenn etwas verborgen ist, dann ist es sowohl versteckt als auch sicher. Unsere neu erworbene Gerechtigkeit geht nicht mehr verloren. Sie ist geschützt und sicher. Bringen wir also unserem Verstand und unserem Herzen bei zu glauben, dass wir eine neue Schöpfung sind in Jesus Christus.

Doch es gibt noch mehr dazu zu sagen. Epheser 2,6 stellt fest: Gott »hat uns mit Christus vom Tod auferweckt, und durch die Verbindung mit Christus haben wir schon jetzt unseren Platz in der himmlischen Welt erhalten«. Das bedeutet, dass wir mit Christus im Sieg vereint sind. Weil er aus dem Grab geholt wurde, werden wir es auch gemeinsam mit ihm. *So eng* sind wir mit ihm verbunden. Was Christus gewonnen hat, das haben wir auch gewonnen. Der allmächtige Gott nahm die Gestalt eines Menschen an und trug am Kreuz das ganze Gewicht der Sünde dieser Welt. Jesus litt und starb und wurde wieder zum Leben erweckt. Darum hat er die Schlacht gewonnen. In 1. Korinther 15,57 lesen wir: »Dank sei Gott! Er schenkt uns den Sieg durch Jesus Christus, unseren Herrn!« Trainieren wir also unseren Verstand und unser Herz, damit wir uns selbst als siegreich in Christus sehen können.

Wenn Versuchungen uns bedrohen, werden wir zuallererst dadurch frei, dass wir unsere Perspektive verändern. Statt für den Rest unseres Lebens im Treibsand der Sünde und der Versuchung herumzustrampeln, verändern wir unser Denken. Wir übernehmen Verantwortung für das, was sich in unserem Kopf abspielt, und sagen: »Ich bin in Christus und Christus ist in mir. Ich bin eine neue Schöpfung. Christus ist der Sieger und ich kann eine Denkweise annehmen, die mir hilft, in dem Sieg zu leben, den er für mich errungen hat.«

Unser neues Denken sagt uns, dass Gott treu ist. Wir erinnern uns selbst an diese Wahrheit. Das tun wir immer und immer wieder. Diese beständige Erinnerung beginnt die alten Denkmuster zu verändern, die uns in die Niederlage steuerten. Die Sünde ist nicht mehr das Ende der Geschichte. Unser treuer Gott hat uns einen Ausweg aus der Versuchung versprochen. Dieses Versprechen hält er und zeigt uns den Ausweg, damit wir der Versuchung entkommen können. Wir gehen durch finstere Täler und sitzen an einem Tisch im Angesicht unserer Feinde, aber nun mit einem anderen Denken über das, was Gott für uns bereithält. In 1. Johannes 5,4 heißt es: »Jedes Kind Gottes kann den Sieg erringen über alles, was sich in dieser Welt Gott widersetzt. Ja, unser Glaube hat diese Welt bereits besiegt.«

Wie verhindern wir, dass der Feind an unserem Tisch Platz nimmt? Indem wir uns diese Identität bewusst machen. Wir erinnern uns daran, dass Jesus den Kampf schon gewonnen hat. Und weil wir mit ihm verbunden sind, ist bereits etwas Machtvolles geschehen. Was immer er gewonnen hat, das haben wir auch gewonnen. Wir sind in Christus und Christus ist in uns. Weil Christus den Sieg errungen hat, haben auch wir heute Zugang zu diesem Sieg. Wir kämpfen die Schlacht gegen die Sünde nicht aus eigener Kraft. Wir können uns die gewaltige, allmächtige Auferstehungskraft Gottes zunutze machen. (Philipper 3,10) Das ist die Energie zur Veränderung, wie wir es weiter oben beschrieben haben.

Vielleicht hört sich das sehr nach theologischer Rhetorik an, die wir mit unserem Verstand kaum erfassen können, aber eigentlich ist es gar nicht so kompliziert. Letztendlich dreht sich alles um Gottes Treue. Schauen wir uns noch einmal 1. Korinther 10,13 an: »Die Prüfungen, denen ihr bisher ausgesetzt wart, sind nicht über ein für uns Menschen erträgliches Maß hinausgegangen. Und Gott ist treu; er wird euch auch in Zukunft in keine Prüfung geraten lassen, die eure Kraft übersteigt. Wenn er euren Glauben auf die Probe stellt, *wird er euch auch einen Weg zeigen,* auf dem ihr die Probe bestehen könnt.«

So einfach ist das. Lesen Sie den Vers noch einmal.

Gott ist treu.

Wenn Sie sich auf ihn verlassen, wird er Ihnen einen Ausweg zeigen.

DER/DIE HEILIGE … (HIER KÖNNEN SIE IHREN NAMEN EINSETZEN)

Wir wollen diesen Gedanken mit einigen praktischen Überlegungen untermauern. Immer wenn wir mit der Versuchung konfrontiert werden, ist es, als stünden wir vor einer großen Tür. Sie ist zu, aber nicht abgeschlossen, und auf der anderen Seite befindet sich die Sünde – irgendeine schädliche Lebensweise. Viele Gläubige starren die Tür an und sind der Auffassung, dass sie nicht die Kraft haben, die Tür geschlossen zu halten. Sie denken, sie müssten die Tür namens Versuchung öffnen und hindurchgehen. Sie meinen, keine andere Wahl zu haben. Ein Grund für dieses verkehrte Denken findet sich in einer mangelhaften Identitäts-Theologie, wie sie in heutigen Gemeinden verkündet wird.

Hier also die große Neuigkeit: Wir sind nicht einfach nur Sünder, die durch Gnade gerettet sind. Dieses verzerrte Denken müssen wir verändern. Wir sind *mehr* als nur Bettler, die anderen Bettlern helfen, Brot zu finden. Wir kommen *nicht* zum Kreuz und haben nichts anzubieten. Das mag zwar unser Ausgangspunkt sein, aber es ist nicht die ganze Wahrheit und entspricht nicht unserer wahren Identität, wenn wir in Christus sind. Wir sind eben nicht einfach nur ein großer Haufen Sünder. Das Problem ist aber, dass wir genau das – und verschiedene Varianten davon – sonntags oft in der Kirche hören:

Liebe Gemeinde, willkommen zu unserem Gottesdienst. Wir freuen uns, dass Sie da sind. Bitte, nehmen Sie Platz und genießen Sie die heutige Predigt. Vergessen Sie niemals, dass Sie alle Sünder sind – und Sie werden auch nie mehr als das sein. Sie sind mit leeren Händen zu Jesus gekommen und werden ihm auch nie mehr anzubieten haben. Sie halten nichts als schmutzige Lumpen in der Hand. Sie sind armselige Würmer. Spötter. Lästerer. Unwürdig. In ständiger Auflehnung gegen Gott. Nur Sünder, die aus Gnade gerettet wurden. Und sollten Sie das jemals vergessen, dann denken Sie nur daran, wie Sie gestern gesündigt haben, wie Sie heute gesündigt haben und wie Sie morgen sündigen werden. Das ist alles, was Sie können. Amen. Und nun erheben wir uns zum nächsten Lied. Wir freuen uns, Sie nächsten Sonntag wieder begrüßen zu dürfen.

Es hört sich fromm und demütig an, aber es ist nichts als ein Haufen Unsinn. Eine schreckliche Identitäts-Theologie. Wenn wir eine solche Lehre vorgesetzt bekommen, können wir eigentlich nur nicken und murmeln: »Ja, das stimmt wohl.« Und wenn wir dann auf die Tür mit der Aufschrift »Versuchung« zugehen, haben wir keine Chance. Wir öffnen die Tür und gehen hindurch, denn daran sind wir ja gewöhnt worden. Wir meinen, keine andere Wahl zu haben, als uns in der Sünde auf der anderen Seite der Tür zu suhlen. Dabei sind wir nur einem verkürzten Evangelium gefolgt.

Wenn wir auf die Tür der Versuchung zugehen – und das ist ein Punkt, den ich wirklich betonen möchte –, sollten wir uns selbst Epheser 2,8-9 und 2. Korinther 5,17 predigen und beides gleich gewichten. Das ist das volle Evangelium. Wir sind Sünder, die durch Gnade errettet sind. Das ist der Beginn unserer Heilserfahrung, wie Epheser 2,8-9 es darlegt. Aber das ist nicht das Ende der Geschichte. Darum können wir unser Zelt nicht mehr im Lager der Sünder aufschlagen. Unsere neue Identität besteht darin, dass wir aus Gnade errettete Sünder sind und zugleich eine neue Schöpfung, wie es in 2. Korinther 5,17 beschrieben wird. Das Alte ist vergangen. Das neue Ich ist entstanden. Wir sind wiedergeboren zu einem völlig neuen Leben und in Jesus Christus sind wir nicht mehr dieselben wie vor unserer Rettung.

Christen verweisen oft auf Jeremia 17,9 und sagen: »Hier

steht doch, das menschliche Herz sei undurchschaubar und unheilbar krank. Also bin ich es doch auch. Das beschreibt mich. Mein Herz ist trügerisch und ich bin durch und durch böse.«

Vielen ist nicht klar, dass dieser Vers das nicht wiedergeborene Herz beschreibt, das noch weit von Gott entfernt ist. Doch mit Jesus hat eine neue Ära begonnen. Natürlich ist unser Herz immer noch fähig zu sündigen, auch nachdem wir begonnen haben, Jesus nachzufolgen. Dennoch hat Jesus es völlig neu gemacht. In Hesekiel 36,26 sagt Gott: »Ich will euch ein neues Herz und einen neuen Geist geben. Ja, ich nehme das versteinerte Herz aus eurer Brust und gebe euch ein lebendiges Herz.« Das bedeutet, dass unser Herz nicht mehr durch und durch böse und trügerisch ist.

Was uns bei dem Ganzen so irritiert, ist, dass wir immer noch die Fähigkeit zu sündigen besitzen, obwohl wir eine neue Schöpfung sind. Das muss uns nicht extra gepredigt werden; wir wissen es nur allzu gut. Dennoch sollten wir uns beständig sagen, dass »Sünder« nicht mehr unsere Identität ist. Wenn wir also vor der Tür der Versuchung stehen, müssen wir uns selbst daran erinnern, dass wir mit Christus gekreuzigt wurden und nicht mehr so zu leben brauchen wie früher.

Das Leben, das wir jetzt führen, geschieht durch den Glauben, und wir leben, weil Christus in uns lebt. (Galater 2,20) Als wir zum Glauben kamen, wurden wir in Christus hineingetauft – was bedeutet, dass wir uns mit seinem Tod, seinem Begräbnis und seiner Auferstehung identifiziert haben. So wie Christus durch die Herrlichkeit des Vaters von den Toten auferweckt wurde, »haben auch wir ein neues Leben empfangen und sollen nun so handeln, wie es diesem neuen Leben entspricht«. (Römer 6,4) Das sind wir also heute! Wir müssen nicht mehr durch die Tür der Versuchung hindurchgehen.

Kurz gesagt sollten wir uns selbst daran erinnern, dass wir Heilige sind. Überrascht es Sie, dass die Bibel Sie einen Heiligen/eine Heilige nennt?[4] Vielleicht hören Sie das Wort und denken: *Na ja, meine Großmutter ist eine Heilige. Aber ich? Das wäre ja ein bisschen gewagt.* Aber es ist wahr. So werden Sie von der Bibel bezeichnet. Das Wort *heilig* meint ganz einfach, dass wir ein »heiliger Mensch« sind. Im Neuen Testament gibt es mehr als vierzig Verse, in denen wir als Heilige bezeichnet werden. In Christus sind uns alle Sünden vergeben – die vergangenen, gegenwärtigen und zukünftigen. Vor Gott stehen wir gerecht da. Wir sind mit der Gerechtigkeit Christi bekleidet. Gehen Sie also nicht durch die Tür der Versuchung. Denn Sie sind ein Heiliger/eine Heilige.

Wir sind mit der Gerechtigkeit Christi bekleidet. Sie sind ein Heiliger, eine Heilige.

ES GIBT IMMER EINEN AUSGANG

Ich ahne schon, welche Fragen jetzt auftauchen werden. Sie sagen vielleicht: *Aber Louie, was ist mit Paulus? In 1 Timotheus 1,15 schreibt er: »Denn das steht unumstößlich fest, darauf dürfen wir vertrauen: Jesus Christus ist in diese Welt gekommen, um uns gottlose Menschen zu retten. Ich selbst bin der Schlimmste von ihnen.« Selbst der große Apostel Paulus bezeichnet sich als den schlimmsten Sünder. Wenn das seine Identität war, was bleibt für mich dann zu hoffen übrig?*

Hier aber müssen wir den größeren Zusammenhang berücksichtigen. Das war nicht die Identität des Paulus. Er sagt hier im Grunde genommen Folgendes: *Wenn wir alle Leute aufzählen wollten, die es ohne die Gnade Gottes nicht geschafft hätten, dann müsste ich ganz oben auf der Liste stehen. Wenn wir Leute finden wollen, die Gottes Gnade brauchen, um ihre Sünden zu bedecken, dann bin ich die Nummer 1.*

Paulus führt diesen Gedanken in Römer 6,1-2 weiter aus. Er fragt: »Was bedeutet das nun für uns? Sollen wir etwa weiter sündigen, damit Gott Gelegenheit hat, uns seine Gnade in ihrer ganzen Größe zu zeigen? Natürlich nicht! Als Christen sind wir für die Sünde tot. Wie könnten wir da noch länger mit ihr leben?«

Die Aussage ist sehr betont. *Natürlich nicht!* In dieser praktischen Frage bezieht Paulus klar Stellung. *Sollen wir etwa immer wieder durch die Tür der Versuchung gehen,* fragt er, *uns ständig im Kreis drehen, damit wir die wunderbare Gnade Gottes erfahren? Sollen wir tatsächlich so leben? Mehr Sünde, mehr Gnade, mehr Sünde, mehr Gnade? Auf gar keinen Fall!,* ruft er und beantwortet damit seine eigene Frage. »Natürlich nicht!« Dann fährt er fort: »Wie Christus durch die Herrlichkeit und Macht seines Vaters von den Toten auferweckt wurde, so haben auch wir ein neues Leben empfangen und sollen nun so handeln, wie es diesem neuen Leben entspricht«. (Römer 6,4) So beginnt der Sieg: indem wir uns in die Tatsache hineinvertiefen, dass wir eine neue Schöpfung sind. Wir sind keine Sklaven der Sünde mehr. Gott schafft einen Ausweg. Wir haben den Sieg in Christus. Wir müssen dem Feind keinen Platz an unserem Tisch geben.

Wenn Sie schon einmal in London waren, sind Sie dort vielleicht mit der U-Bahn gefahren, deren Spitzname »Tube« lautet, die »Röhre«. Das Erstaunliche ist, dass verschiedene U-Bahn-Linien in verschiedenen Tiefen unter der Erde verlaufen. Man steigt zum Beispiel in die Jubilee Line ein und wechselt dann zur Piccadilly Line, danach in die Central Line und schließlich in die Bakerloo Line. Wer hier nicht jeden Tag als Pendler unterwegs ist, verliert leicht die Orientierung, vor allem weil die Linien auf verschiedenen Ebenen verlaufen. Am tiefsten liegen die beiden Bahnsteige der Jubilee Line an der London Bridge. Sie befinden sich 23,2 Meter unter dem Meeresspiegel.[5] Das sind fast acht Stockwerke. Wenn man da unten ist, fahren andere Züge über einen hinweg. Das kann ganz schön verunsichern.

Doch hier ist die gute Nachricht für alle, die so etwas nicht gewohnt sind: Egal wo man sich in der U-Bahn befindet, man sieht überall Schilder mit der Aufschrift *Ausgang.* Sie sehen nicht alle gleich aus, aber sie vermitteln immer dieselbe Botschaft. Als wir das letzte Mal dort waren, machte ich Fotos von all den unterschiedlichen Schildern. Eines war rund und rot umrandet. Ein anderes war lang, dünn, rechteckig und blau. Ein drittes sah aus wie ein buntes Kirchenfenster. Wieder ein anderes wirkte sehr sachlich. Ganz gleich, welche Form oder Farbe das jeweilige Schild hat, seine Aussage ist immer dieselbe: Ausgang.

Gott gibt uns ähnliche Zeichen. Er ist immer treu. Er hält immer sein Wort. Dank der Verheißung in 1. Korinther 10,13 kann es zwar sein, dass wir in Versuchung geraten, aber wir müssen nicht sündigen.

Es gibt immer einen Ausgang.

VIELE KLEINE TÜREN

Wie sieht wohl Ihr Ausgangsschild aus?

Am wirksamsten vermeiden wir die Sünde, wenn wir die Tür der Versuchung nicht öffnen. Der beste Ausweg besteht darin, gar nicht erst hineinzugehen. Gehen Sie also nicht durch die Tür hindurch. Das bedeutet, dass Sie in Ihrem Leben Vorsichtsmaßnahmen treffen müssen, die Sie von der Versuchung fernhalten. Begeben Sie sich nicht in die Nähe der Tür. Römer 13,14 fordert uns auf: »Zieht Jesus Christus wie ein neues Gewand an: Er soll der Herr eures Lebens sein. Darum passt auf, dass sich nicht alles um eure selbstsüchtigen Wünsche und Begierden dreht!« Diesen Vers sollten wir in unserer Bibel unterstreichen.

Damit sich »nicht alles um unsere selbstsüchtigen Wünsche und Begierden dreht«, müssen wir weise leben. Mit Besonnenheit. Lieber etwas vorsichtiger sein. Wir treffen Vorkehrungen in unserem Umfeld – egal wie radikal diese sein mögen. Da dies allein schwer zu bewältigen ist, kann es ratsam sein, ein paar gute Freunde mit einzubeziehen und mit ihnen über reale Probleme und Versuchungen zu sprechen.

Es kann zum Beispiel sein, dass Sie selbst kein Problem mit Pornografie haben, aber befürchten, es könnte bei Ihnen zu Hause zum Problem werden. Im Geist der Besonnenheit zu leben könnte in diesem Fall bedeuten, dass Sie auf allen Computern Ihrer Familie einen Filter installieren, der die Integrität Ihrer Familie schützt. Außerdem könnten Sie mit guten Freunden über dieses Thema sprechen und erfahren, welche Vorkehrungen sie in ihrem Leben getroffen haben. Das wäre klug. Denn auf diese Weise haben Sie einen Ausweg gefunden – der darin besteht, gar nicht erst durch die Tür der Versuchung zu gehen.

Doch angenommen, Sie haben die große Tür mit der Aufschrift »Versuchung« bereits geöffnet. Sie sind hindurchgegangen und auf dem Weg zur Sünde. Dann achten Sie auf die vielen kleinen Türen mit der Aufschrift »Ausgang«, die sich überall auf Ihrem Weg befinden.

Ein Beispiel: Ein paar Freundinnen laden Sie ein, mit ihnen in Urlaub zu fahren, an einen Ort, wo man so richtig einen draufmachen kann. Sie spüren einen Impuls des Heiligen Geistes und denken: *Hm, das letzte Mal, als ich mit denen in Urlaub fuhr, war es ein Desaster. Damals habe ich mein geistliches Wachstum der letzten neun Monate zunichtegemacht.* Der Ausweg ist hier eigentlich ganz klar: Sie erklären Ihren Freundinnen, dass Sie dieses Mal leider nicht mitfahren können. So verhindern Sie, dass sich Ihr Leben um Ihre »selbstsüchtigen Wünsche und Begierden« dreht.

Aber vielleicht haben Sie die Türschwelle schon überschritten. Sie haben im Geiste den sonnigen Strand vor sich gesehen und von all dem Spaß geträumt, den Sie dort haben könnten, obwohl Ihnen klar ist, dass dies nicht die klügste Entscheidung wäre. In Gedanken haben Sie sich schon mehr und mehr in den Bereich der Sünde begeben. Sie haben schon einen Schritt über die Schwelle getan. Und glücklicherweise ist Gott immer treu. Vielleicht wurde Ihre Kreditkarte abgelehnt, als Sie versuchten, Ihr Ticket zu buchen. Das wäre nicht unbedingt ein schlechtes Zeichen. Es wäre Ihr Ausgangsschild. Das Wirken des Heiligen Geistes. Sie müssen sich nur darauf einlassen.

Vielleicht gehen Sie aber noch einen Schritt weiter. Sie aktualisieren die Daten Ihrer Kreditkarte, buchen das Ticket trotzdem und fliegen mit Ihren Freundinnen an den Urlaubsort. Eine von ihnen schlägt vor, gleich am ersten Abend den Lieblingsclub der Gruppe zu besuchen. Sie zucken zusammen, spüren wieder den Impuls des Heiligen Geistes und denken: *Oh nein, das letzte Mal, als wir zu diesem Club gingen, fing das ganze Unheil an.* Immer noch haben Sie einen Ausweg. Sie können zu Ihren Freundinnen sagen: »Nein, zu diesem Club gehe ich nicht« oder »Nein, lasst uns lieber woanders hingehen« oder »Nein, geht ihr mal ohne mich. Ich mache lieber einen Spaziergang am Strand«.

Aber dann sitzen Sie doch im Taxi, das zu dem Club fährt. Wieder spüren Sie, dass der Heilige Geist Sie aufhalten will: *Geh nicht dorthin.* Durch Gottes Gnade gibt es immer noch eine kleine Tür, durch die Sie entkommen können.

»Hey, Mädels, ich weiß, das hört sich jetzt verrückt an, aber ich steige an der nächsten Kreuzung aus und nehme ein Taxi zurück zum Hotel. Nehmt es mir nicht übel; sorry, dass ich so ein Theater mache. Aber ich muss gehen.« Das klingt extrem, meinen Sie? Vielleicht ja. Aber der Versuchung zu widerstehen ist kein Spiel. Wir befinden uns im Krieg.

Wenn wir einen Ausweg suchen, ist Gott treu. Der Heilige Geist schenkt uns einen Ausgang und noch einen und dank seiner Gnade noch einen weiteren. Allerdings werden die Türen nach draußen immer kleiner, je weiter wir gehen. Der Ausweg wird schwieriger, weil wir auf dem Weg schon so weit fortgeschritten sind, und die möglichen Konsequenzen werden ernster, wenn wir uns nicht für den nächsten Ausgang entscheiden.

Doch wenn wir genau hinschauen, merken wir, dass es immer noch die Möglichkeit zum Ausstieg gibt. Die erste Tür ist so groß wie eine normale Tür, die man in jedem Haus vorfindet. Die zweite hat schon eher die Größe einer Katzenklappe. Die dritte gleicht eher der winzigen Tür in einem Puppenhaus, durch die vielleicht gerade noch unser Smartphone passt. Trotzdem können wir die Schlacht noch gewinnen. Wir müssen dem Feind keinen Platz an unserem Tisch geben. Wir können immer noch entkommen!

Es gibt jedoch noch einen Weg, wie wir die Sünde vermeiden können: indem wir aufhören, die Tür der Versuchung anzustarren. Gehen wir in eine andere Richtung. Wir tauschen die Tür der Versuchung gegen die Tür der Einladung aus. Wir konzentrieren uns auf eine andere Tür, die Tür Christi. In Hebräer 12,1-2 heißt es: »Lasst uns alles ablegen, was uns in dem Wettkampf behindert, den wir begonnen haben – auch die Sünde, die uns immer wieder fesseln will. Mit Ausdauer wollen wir auch noch das letzte Stück bis zum Ziel durchhalten. Dabei wollen wir *nicht nach links oder rechts schauen, sondern allein auf Jesus.* Er hat uns den Glauben geschenkt und wird ihn bewahren, bis wir am Ziel sind.«

Im Kern lautet die Botschaft des Evangeliums nicht: »Du sollst nicht sündigen.« Das wird zwar oft gepredigt, weil es sich so gut einhämmern lässt: *Sündige nicht! Sündige nicht! Sündige nicht!* Aber bei der Botschaft vom Kreuz geht es weit weniger um ein »Sündige nicht« als vielmehr um ein »Komm, geh mit Gott«. Die Botschaft des Evangeliums lautet, dass durch das Wirken Christi unsere Sünden vergeben sind. Wir sind eine neue Schöpfung und dürfen in eine Beziehung mit dem allmächtigen Gott eintreten. Jesus schenkt uns ein reich erfülltes Leben. (Johannes 10,10) So schreibt Paulus in 1. Thessalonicher 3,8: »Wir leben wieder auf.«

Kehren wir wieder zu Psalm 23 und Johannes 10,1-18 zurück und stellen uns unser Leben als Schafe mit Jesus als dem Guten Hirten vor. In beiden Abschnitten geht es darum, dass Gott versprochen hat, uns zu führen. So wie Schafe lernen können, die Stimme ihres Hirten zu erkennen, haben wir die Fähigkeit erhalten, die Stimme Christi zu hören. Wir können sehen, was der Hirte tut. Wir dürfen unter seiner Fürsorge ruhen. Wir können seinen Schritten folgen. Wenn wir in enger Verbundenheit mit Jesus leben, entdecken wir, dass wir Gott vertrauen können. Wir schauen zurück auf unser Leben und sehen Zeiten, in denen er uns getragen hat, Zeiten, in denen er uns dicht zu sich zog, Zeiten, in denen er uns vor einer Gefahr bewahrte, Zeiten, durch die er uns hindurchführte. Die vertrauensvolle Beziehung zu Gott ist der Weg zu wahrer Erfüllung. Wie halten wir den Feind davon ab, an unserem Tisch Platz zu nehmen? Indem wir unseren Blick auf Christus richten.

Kommen wir noch einmal auf die Geschichte von Adam und Eva zurück. Bevor die Versuchung kam, gab es eine Einladung an beide, weiterhin ihren Weg mit Gott zu gehen. Direkt nach dem Sündenfall hörten Adam und Eva laut 1. Mose 3,8, »wie Gott, der Herr, im Garten umherging«. Sie erkannten das Geräusch, weil sie damit vertraut waren. Gott war früher mit Adam im Garten umhergegangen und hatte mit ihm gesprochen, als Adam die Tiere benannte. Gott hatte auch Eva geschaffen und sie »zu dem Menschen gebracht«. (1. Mose 2,22) Die beiden wussten also, was es bedeutete, mit Gott zu gehen. Sie waren nach seinem Bild geschaffen und wussten, wie es war, eine Beziehung zu ihm zu haben und sein Werk auf der Erde zu vollbringen – *mit ihm* gemeinsam.

Das war das Evangelium im weiteren Sinn, wie Adam und Eva es verstanden. Es gab zwar das deutliche Gebot: *Sündige nicht. Iss nicht von der Frucht.* Aber es gab eine noch größere gute Botschaft, die lautete: *Komm und genieße die Gemeinschaft mit Gott.* Dieses größere Evangelium gilt auch uns heute. Wir sind gerettet, ja. Aber ist Gott mehr für uns als das Gebot, nicht zu sündigen? Ist Gott für uns größer als die Fahrkarte in den Himmel, wenn wir sterben? Natürlich ist es gut, gerettet zu sein. Es ist gut, wenn unsere Sünden vergeben sind. Es ist gut, wenn wir in den Himmel kommen. All dies ist wahr. Und doch ist Gott sehr daran interessiert, dass wir ihn heute kennen, genau jetzt, lange bevor wir in den Himmel kommen. Wie gut kennen Sie Gott wirklich?

ZEBRA-BABYS

Wenn wir uns auf den Weg machen, um Gott kennenzulernen, bedeutet dies, dass wir unser Herz, unsere Ziele und unseren Verstand auf ihn ausrichten. Wenn wir uns in sein Wort, die Bibel, vertiefen, lernen wir auch ihn und seinen Charakter kennen. Wenn wir beständig im Gebet mit ihm verbunden sind, lernen wir seine Wege kennen. Seine Worte, seine Wege und sein Charakter erfüllen die grundlegendsten Bedürfnisse in unserem Leben. Haben Sie das Bedürfnis, wertgeschätzt zu werden? Eine Bedeutung zu haben? Ein Ziel? Das Bedürfnis nach Liebe? Nach Annahme? Nach Zufriedenheit? Nach Frieden? Nach einer engen Beziehung? Nach Ruhe mitten im Sturm? Jesus erfüllt all diese Bedürfnisse.

Wenn wir unseren Weg mit Gott gehen, erkennen wir unsere wahre Identität, unseren Wert und Sinn.

Aber der Feind nutzt all diese Bedürfnisse aus. Wenn wir niedergeschlagen sind, dann meistens, weil bestimmte Bedürfnisse nicht erfüllt werden. Dann kommt der Feind und flüstert: *Wenn du dich besser fühlen willst, dann geh durch diese Tür der Versuchung. Ich gebe dir Begeisterung. Glückshormone. Einen Adrenalinstoß.*

Nichts aber kann unser Herz zufriedener machen als Gott. Nichts hält uns besser von der Sünde ab als unser auf Christus gerichteter Blick. Wenn wir unseren Weg mit Gott gehen, erkennen wir unsere wahre Identität, unseren Wert und Sinn. Wir entdecken, dass wir Gott vertrauen können.

Wir haben bereits in Jakobus 1,14 gelesen, dass es »unsere eigenen selbstsüchtigen Wünsche« sind, »die uns immer wieder zum Bösen verlocken«. Jakobus fährt fort, indem er einen noch größeren Zusammenhang beschreibt: »Lasst euch also nichts vormachen, liebe Brüder und Schwestern! Alles, was Gott uns gibt, ist gut und vollkommen. Er, der Vater des Lichts, ändert sich nicht; niemals wechseln bei ihm Licht und Finsternis«. (Vers 16-17)

Die Sünde bringt den Tod zur Welt. Über diese Tatsache sollen wir uns nicht hinwegtäuschen lassen, sagt Jakobus. Wenn wir durch die Tür der Versuchung gehen, führt dies nur zur Sünde und zum Tod. Nichts, was auf der anderen Seite dieser Tür ist, wird uns helfen. Die Sünde mag sich einen Augenblick lang gut anfühlen, aber sie ist immer weniger als das Beste, das Gott für uns bereithält. Stattdessen sollten wir lieber durch die andere Tür gehen, die Tür der Einladung. Dort finden wir das, was Gott uns gibt und was gut und vollkommen ist. Diese Gaben kommen von Christus. Was wir suchen, finden wir hinter dieser anderen Tür. Und der wahre Lohn besteht nicht in den Gaben, die Christus uns schenkt, sondern darin, dass wir durch die Tür gehen und Gott selbst finden.

Haben Sie sich schon einmal überlegt, welche immensen Vorteile es hat, dass wir jenseits von Eden leben? Ja, wir leben in einer von der Sünde beschmutzten und verdorbenen Welt. Wir sind nicht mehr im Paradies. Aber wir leben auch mit dem Wissen darüber, wie weit Gott für uns zu gehen bereit ist. Wir kennen Gottes Liebe auf eine Weise, die Adam und Eva nicht kannten. Als die Schlange zu Eva sagte: *Vielleicht enthält Gott euch etwas vor,* hatte Eva an diesem Punkt zwar Gottes Wort. Sie wusste, was Gott ihr und Adam über sich selbst gesagt hatte. Sie lebte in einer perfekten Umgebung und konnte diese genießen. Aber sie besaß wenig praktische Erfahrung, wenn es darum ging, Gottes Versprechen zu untermauern.

Wir aber besitzen diese Erfahrung. Der Tod, das Begräbnis und die Auferstehung Christi gehören zu unserer Geschichte. Wir können auf das Kreuz deuten und sagen: »Tatsächlich, Gott enthält uns nichts vor. So sieht es in seinem Herzen aus. Gott hat mich so sehr geliebt, dass er seinen Sohn sandte, um die Sünden der Welt wegzunehmen. Ein so liebevolles Herz überwindet Berge, es tritt verschlossene Türen ein. Es folgt uns hartnäckig sogar in die dunkelsten Gassen. Gott wird alles tun, um mich mit seiner Liebe zu erreichen – und dazu gehört, dass er seinen einzigen, geliebten Sohn ans Kreuz schickte und ihn wieder zum Leben erweckte. Dank Jesus bin ich eine neue Schöpfung.« Eva wusste nicht, was wir wissen. Sie hatte keine Ahnung, wie weit Gott gehen würde. Aber wir wissen es.

Vor einiger Zeit hörte ich eine Predigt von Priscilla Shirer, in der sie Zebra-Mütter und ihre Fohlen als Beispiel anführte.[6] Wenn eine Zebra-Mutter ein Junges zur Welt bringt, führt sie das Kleine als Erstes für eine Weile vom Rest der Herde weg. Warum? Weil die Mutter will, dass ihr Fohlen sie kennenlernt.

Für das ungeübte Auge sehen alle Zebras gleich aus. Selbst die Fohlen verwechseln manchmal ihre Mütter. Doch jedes Zebra besitzt ein einzigartiges Muster an seinem Kopf und im Gesicht. Wenn die Mutter ihr Fohlen von der Herde absondert, lernt es, seine Mutter von allen anderen Zebras zu unterscheiden. Es kann seine Mutter sehen und hören. Es lernt, sie an ihren individuellen Zeichnungen zu erkennen. Wochenlang sind Mutter und Kind ganz unter sich und nur füreinander da.

Nach einer gewissen Zeit wird das Fohlen wieder zur Herde zurückgebracht. Bis dahin hat es diese erstaunliche Fähigkeit erworben, seine Mutter von den anderen Zebras zu unterscheiden. Es betrachtet die anderen Tiere, die alle fast gleich aussehen, klingen und riechen, und sagt sich: *Nein, die hier ist nicht meine Mutter. Die auch nicht. Und die auch nicht. Aber diese hier, das ist sie.*

Diesen Grad der Vertrautheit und des Wiedererkennens möchte Gott auch für unsere Beziehung zu ihm. Er möchte, dass wir ihn ohne Zweifel erkennen. Der Feind kann nichts als lügen. Er will uns in die Irre führen, um uns zu vernichten. Aber Jesus möchte, dass wir Gottes Stimme kennen, dass wir ihn wiedererkennen und ihm vertrauen. Der Treibsand hat keine Macht mehr. Die Tür der Versuchung keine Verführungskraft. Wir sind frei. Wir können die Schlacht um unser

Denken gewinnen. Wir sind eingeladen, Gott intensiv kennenzulernen und ihm nahe zu sein.

Teil dieses Prozesses ist ein bestimmtes Gebet, das wir sprechen können. Wenn es darum geht, dem Feind keinen Platz an unserem Tisch zu geben, ist dieses Gebet – und die Freiheit und die Einladung, die es mit sich bringt – vielleicht die wirksamste Maßnahme.

Kapitel 7

Unsere Gedanken Christus unterstellen

Ich habe mein College-Studium abgebrochen.

Nicht weil es mir an Intelligenz mangelte, sondern weil ich mit meinen damals achtzehn Jahren dabei war, die Schlacht um mein Denken zu verlieren. Der Feind hatte in meinem Leben Fuß gefasst, und zwar aufgrund meiner Faulheit. Ich war geradezu ein Champion darin, morgendliche Vorlesungen zu verschlafen. Hätte es eine olympische Disziplin im Schwänzen und Ausredenerfinden gegeben, würden bei mir sicherlich ein paar Goldmedaillen an der Wand hängen. Irgendwann kam ein Brief vom Dekan meiner Fakultät, in dem ich freundlich gebeten wurde, mein Studium zunächst einmal nicht weiterzuverfolgen.

Macht nichts, dachte ich. Ich kann mich ja im College an meinem Heimatort einschreiben.

Doch es dauerte nicht lange und ich bekam von diesem College ein ähnliches Schreiben. Es war mir also gelungen, innerhalb eines Jahres von zwei Hochschulen zu fliegen.

So sieht es aus, wenn der Feind mit am Tisch sitzt und einem die Mahlzeit wegisst!

Dennoch hatte ich die ganze Zeit über große Träume.

Durch ein starkes Erlebnis war ich von Gott zum geistlichen Dienst berufen worden und ich wusste, dass er große Pläne für mein Leben hatte. Ich sah meine Zukunft klar vor mir. Aber ich hatte aus dem Blick verloren, was es mich kosten würde, dorthin zu gelangen. Ich war zwar begeistert von dem Gedanken, einen Master in Theologie zu machen. Allerdings hatte ich kein Interesse, mich durch das dafür erforderliche Grundstudium zu plagen.

Als mir dann endlich ein Licht aufging und ich bereit wurde, die beiden Schritte miteinander zu verbinden, nahm ich buchstäblich die nächste Ausfahrt und saß binnen einer Stunde im Büro desselben Dekans, der mir den Brief geschrieben hatte. Ich bettelte ihn an, mich wieder an der Georgia State University aufzunehmen. Er hatte Erbarmen mit mir und ich erlebte eine Art Erweckung, was meine zukünftigen Pläne und den erforderlichen Weg dorthin betraf. Meine Identität sollte nicht die eines Studienabbrechers sein. Gott hatte mich dazu berufen, sein Wort zu verkündigen. Sicherlich besaß ich noch immer die Fähigkeit, Vorlesungen zu verschlafen. Aber – und das stellte ich unter Beweis – ich war auch in der Lage, innerhalb von etwas mehr als einem Jahr zwei Studienjahre zu durchlaufen. Ich machte meinen Bachelor gemeinsam mit den Studierenden, die damals mit mir zusammen angefangen hatten, und schrieb mich rechtzeitig für den Masterstudiengang ein.

So gewann ich die Schlacht um mein Denken. Jeden Tag wachte ich auf mit der Überzeugung, dass Gott durch mich all das vollenden würde, wozu er mich berufen hatte. Ich glaubte fest daran, dass ich die Person werden konnte, als die er mich geschaffen hatte.

Wissen Sie, wohin Sie wollen?

Ich meine damit nicht, was Sie im Hinblick auf Ihre persönlichen Ziele, den beruflichen Erfolg, Ihre sportlichen Leistungen oder finanziellen Möglichkeiten erreichen wollen. Es geht mir vielmehr darum, wie es Ihnen mit Ihrer Seele ergeht.

Ob Sie die Kontrolle über Ihre Gedanken, Einstellungen und Handlungen erlangen wollen. Ob Sie den Sinn Ihres Lebens finden und das Leben führen möchten, zu dem Gott Sie bestimmt hat.

Vielleicht hat der Feind Sie davon überzeugt, dass Sie von dort, wo Sie jetzt sind, nicht mehr dorthin gelangen können, wo Sie hinmöchten. Sie haben auf die Stimmen der Furcht gehört. Sie sind in der Spirale der Sünde und Versuchung gefangen. Sie reden sich selbst ein, nicht wertvoll zu sein. Ihr Verstand ist mit Sorgen und Unsicherheit vernebelt. Das hat der Feind dadurch geschafft, dass er an Ihrem Tisch Platz genommen hat, aber Sie müssen nicht zulassen, dass er dort bleibt und es sich gemütlich macht. Sie brauchen nicht auf seine Stimme zu hören. Durch Christus können Sie in Ihrem Leben den Sieg erlangen.

Das geschieht, wenn Sie lernen, wie Sie die Schlacht um Ihr Denken gewinnen können. Der Feind weiß das. Darum besteht seine wichtigste Strategie darin, Ihr Gedankenleben unter seine Kontrolle zu bekommen. Dabei ist er sehr geduldig. Im Garten Eden verkündete die Schlange ihre Versuchung nicht über einen Lautsprecher. Sie pflanzte die Saat in Evas Gedanken und wartete ab. Dann brachte sie Eva dazu, Gottes Güte zu hinterfragen. Sich zu überlegen, ob Gott ihr irgendetwas Gutes vorenthielt. Schließlich gab Eva nach und ließ die Saat Wurzeln schlagen. Sie setzte in die Tat um, worüber sie zuvor nur nachgedacht hatte.

So arbeitet der Feind. Wenn er die Schlacht um unser Denken gewinnen kann, dann kann er die Schlacht um unser Leben gewinnen. In 4. Mose 13 wird erzählt, wie Mose zwölf Männer losschickt, um das Land Kanaan vor der Eroberung durch die Israeliten zu erkunden. Zehn von ihnen berichten nach ihrer Rückkehr schlotternd vor Angst und ohne jeden Glauben: »Gegen diese Völker können wir auf keinen Fall antreten. Sie sind viel stärker als wir. … In deren Augen waren wir klein wie Heuschrecken, und so haben wir uns auch gefühlt!« (Vers 31;33)

Woher die zehn wohl wussten, wie sie in den Augen der Kanaaniter aussahen? Hatten sie ihre Feinde etwa gefragt: »Hey, was denkt ihr über uns? Wie klein und mickrig wirken wir auf euch?« Nein, der Feind hatte diese Saat in ihrem Kopf ausgestreut. Und sie pflegten diese Saat, ließen sie wachsen und handelten entsprechend. Als Folge davon mussten sie in den nächsten vierzig Jahren in der Wüste umherziehen. Sie erlebten nicht mehr, was Gott ihnen verheißen hatte.

Dabei hätte es nicht so enden müssen – in der Wüste zu bleiben und die Erfüllung der Verheißungen Gottes nicht mehr zu erleben –, nicht für die Israeliten, nicht für Sie und nicht für mich heute. Der Sieg kann unser sein. Genau hier. Genau jetzt. Der Sieg wird erreicht, wenn wir die Saat untersuchen, die in unserem Kopf ausgestreut wurde, und nicht zulassen, dass sie Wurzeln schlägt. Wir müssen die Gedanken, die nicht mit dem Herzen Gottes in Einklang stehen, abwehren und unsere Gedankenwelt Jesus unterstellen. Paulus schreibt im Korintherbrief: »Alles menschliche Denken nehmen wir gefangen und unterstellen es Christus, dem es gehorchen muss.« (2. Kor 10,5) Dabei kann ein bestimmte Art des Betens sehr hilfreich sein.

Wir müssen die Gedanken, die nicht mit dem Herzen Gottes in Einklang stehen, abwehren und unsere Gedankenwelt Jesus unterstellen.

WIE WIR UNS AUF DAS POWER-GEBET EINSTELLEN

Vielleicht handelt es sich bei einem der Saatkörner, die in Ihrem Kopf ausgesät wurden, um Zweifel. Sie wissen nicht, ob die Lehre, von der Sie hier lesen, Ihnen wirklich helfen wird. Sie haben schon andere Wege zur Veränderung ausprobiert, aber nichts hat funktioniert. Warum also sollte es hier anders sein? Oder es wird zwar eine Veränderung geben, diese ist jedoch nicht von Dauer. Weil bisher keine Veränderung lange angehalten hat.

Hier hat der Feind Ihr Denken bereits beeinflusst. Die Saat kann jederzeit und überall in unseren Gedanken ausgestreut werden, vor allem wenn wir ein Buch wie dieses hier lesen. Bevor die Wahrheit uns frei machen kann, müssen wir die Lügen erkennen, die uns gefangen halten. Bitten Sie also den Heiligen Geist, Ihnen zu zeigen, welchen Lügen Sie Glauben geschenkt haben. Bitten Sie ihn, hierbei möglichst konkret zu sein. Haben Sie einen oder mehrere der folgenden Gedanken?

- *Ich werde mich nie ändern.*
- *Mir geht es besser, wenn ich sündige.*
- *Das Evangelium hilft nicht wirklich weiter.*
- *Ich bin nicht viel wert.*
- *Niemand liebt mich.*
- *Ich habe allen Grund, verbittert zu sein.*
- *Ich habe allen Grund, voller Wut zu sein.*
- *Mein Versagen macht mich aus.*
- *Meine Abhängigkeit macht mich aus.*
- *Ich werde immer so bleiben.*

Keiner dieser Gedanken kommt von Gott! Jesus Christus, der Gute Hirte aus Johannes 10 und Psalm 23, hat Ihnen nicht gesagt, dass Sie ein Versager sind. Er fordert Sie *nicht* auf, sich Sorgen zu machen. Er versetzt Sie *nicht* in Furcht. Er schafft Klarheit, kein Chaos. Er stößt Sie *nicht* mit der Nase in Ihre Sünde hinein. Er versorgt Sie mit grünen Auen, nicht mit trockenen Einöden. Wenn etwas davon in Ihrem Leben vorkommt – Furcht, Sorgen, Versuchungen, ein Gefühl der Wertlosigkeit oder des Orientierungsverlustes –, dann ist was passiert? Der Feind ist aufgetaucht und hat ein Saatkorn in Ihren Gedanken ausgesät. Er weiß: Wenn er einen trügerischen Gedanken in Ihrem Kopf platzieren kann und Sie es nicht merken, wird dieser Gedanke irgendwann Wurzeln schlagen und sich in Ihrem Herzen festsetzen. Und wenn Sie diesen trügerischen Gedanken bei sich aufnehmen und ihm eine dauerhafte Unterkunft gewähren, werden Sie schließlich immer mehr von ihm bestimmt werden.

Vielleicht sagen Sie: *Na und? Es ist doch bloß ein Gedanke. Niemand sieht ihn außer mir. Er ist harmlos.* Nein. All die Gedanken, die wir in unserem Verstand hegen und pflegen, werden sich irgendwann auswirken. Entweder werden sie sich in unserer Einstellung widerspiegeln oder in unserem Verhalten. »Denn wie er in seiner Seele berechnend denkt, so ist er«. (Sprüche 23,7) Ob auf die eine oder die andere Weise – solche Gedanken schaden uns auf jeden Fall.

Darum ist es so wichtig, dass wir so schnell wie möglich unsere neue Identität in Christus annehmen, wie wir es in den vorangegangenen Kapiteln beschrieben haben. Jesus befindet sich bereits auf der Siegerseite und lädt uns ein, auf seine Seite zu kommen. Das geschieht, indem wir uns die folgenden Wahrheiten bewusst machen:

- *Ich war ein Sünder, der durch die Gnade gerettet wurde, und bin jetzt eine neue Schöpfung. Ich muss nicht sündigen.*
- *Ich bin in Christus und Christus lebt in mir. Christus hat den endgültigen Sieg errungen und ich darf mir diesen Sieg zu eigen machen.*
- *Gott ist immer treu. Er wird immer einen Ausweg zeigen. Ich kann immer den nächsten Ausgang nehmen.*

Wenn wir uns diese Wahrheiten zu eigen machen, verändert dies unser Denken. Alle zwölf Kundschafter wussten, dass das verheißene Land gut war. Sie alle hatten gesehen, dass es Milch und Honig in Fülle gab. Sie hatten eine Weinrebe gefunden, die so groß und schwer war, dass es zwei Männer brauchte, um sie an einer Stange zu tragen. (4. Mose 13,23) Trotzdem glaubten zehn der zwölf Kundschafter nicht, dass sie in das verheißene Land hineingelangen konnten.

Wie steht es bei Ihnen? Glauben Sie, dass Sie durch Christus siegreich leben können? Wenn die Antwort Nein lautet, dann gewinnt der Betrüger gerade die Schlacht um Ihr Denken. Er ist real und er hat einen realen Plan. Er umkreist Ihren Tisch und ist bereit, Platz zu nehmen. Vergessen Sie also nicht: Es steht viel auf dem Spiel. Das ist *Ihr Leben,* von dem wir hier reden. Es ist Ihr Heute. Ihre Zukunft. Ihre Familie. Ihre Gesundheit. Ihr Friede. Ihr Erfolg. Ihre Berufung. Ihre Bestimmung. Es ist all das, wofür Gott Sie geschaffen hat. Der Teufel will Sie vernichten. Er kennt kein Erbarmen und er hat alle Zeit der Welt.

Doch die gute Nachricht lautet: Keine Saat, die der Feind in Ihren Gedanken ausstreut, muss dort länger als eine Millisekunde bleiben. Saatkörner müssen keine Wurzeln schlagen. Jede frische Saat kann sofort entfernt werden. Und selbst, was dort schon seit Jahren Wurzeln geschlagen hat, kann herausgeholt werden. Und dabei geht es nicht um unsere Superkräfte. Diesen Punkt möchte ich ganz besonders betonen. Nicht wir können den Sieg erringen. Es geht um das, was *Jesus* für uns tut. Jesus selbst hat den Sieg endgültig errungen. Gott hat den Weg gebahnt.

Wie aber können wir siegreich leben in der Kraft Christi?

DER KRIEG IST VORBEI, DOCH ES GIBT NOCH EINZELNE SCHLACHTEN

Das Wort für *Sieg* lautet im Griechischen *nikos.* Es bezeichnet ganz spezifisch einen Sieg, der durch eine Eroberung herbeigeführt wurde. Im Neuen Testament wird der Begriff immer dann verwendet, wenn es um die Eroberung geht, die für die Gläubigen durch Christus erbracht wurde. Er hat die Mächte der Finsternis und der Sünde überwunden. Die Gläubigen sind in Christus und Christus ist in ihnen. Die Mächte der Finsternis und der Sünde können den Sieg über die Gläubigen nicht erringen. Die Schlacht an sich ist gewonnen. »Es ist vollbracht«, hat Jesus am Kreuz gesagt. (Johannes 19,30) Mit anderen Worten: »Wozu ich hierhergekommen bin, das ist erreicht. Ihr seid befreit. Der Sieg ist euer.«

Wir können uns den Sieg, der unser ist, so vorstellen, als stünden wir an den Stränden der Normandie am Tag 1 nach dem D-Day, der Landung der alliierten Truppen im Zweiten Weltkrieg. Wissen Sie, was das bedeutet? Der D-Day fand am 6. Juni 1944 statt; der Tag 1 danach wäre also der 7. Juni 1944.

Der D-Day war die größte Invasion mit Amphibienfahrzeugen in der gesamten Militärgeschichte.[7] Mehr als 156.000 alliierte Soldaten stürmten an der Küste der Normandie an Land, unter Maschinengewehrsalven und einem Hagel von Granaten und Schüssen der nationalsozialistischen Truppen. Die Alliierten kamen in voller Stärke an mit mehr als 6.900 Schiffen und Landefahrzeugen, 2.300 Flugzeugen, 867 Gleitflugzeugen und 450.000 Tonnen Munition. Die Opferzahlen waren hoch. Tragischerweise verloren mehr als 4.400 alliierte Soldaten am 6. Juni ihr Leben. Und doch war die Schlacht bei Einbruch der Nacht gewonnen. Die fünf Küstenstreifen der Normandie – mit den Codenamen Gold, Utah, Juno, Omaha und Sword – waren alle unter Kontrolle. Weitere Truppen kamen an Land. Provisorische Häfen wurden erbaut. Im Lauf der Zeit würden die Alliierten über 2,5 Millionen Soldaten, 500.000 Fahrzeuge und vier Millionen Tonnen Vorräte in den Häfen der Normandie anlanden.

Historiker sind sich einig, dass der D-Day einen entscheidenden Wendepunkt im Zweiten Weltkrieg darstellte. Die Militäraktionen, die an diesem Tag unternommen wurden, veränderten den Ausgang des Krieges beträchtlich. Sie hatten Auswirkungen auf das Schicksal der ganzen Welt. Stellen Sie sich also vor, es wäre Tag 1 nach dem D-Day. Sie stünden an einem der Küstenabschnitte am Tag nach der großen, blutigen Invasion. Der Ausgang des Krieges ist entschieden. Hitlers Macht wurde gebrochen. Er kann jetzt auf keinen Fall mehr gewinnen. Von diesem Brückenkopf des Sieges aus können Sie nun weitermarschieren. Warum aber sollten Sie das tun? Weil der Krieg in Europa zwar vorüber ist, Hitler aber aus seiner Position der Niederlage heraus noch eine Weile weiteroperieren wird. Er wird weiterkämpfen, obwohl er vernichtet wurde.

In den nächsten Wochen wird es für Sie noch viele Gefechte geben. Sie werden in der französischen Stadt Carentan kämpfen. Sie werden den Hafen von Cherbourg einnehmen. Die Befreiung von Paris am 25. August steht noch bevor. Es wird intensive militärische Auseinandersetzungen geben. Bis zum kommenden Jahr werden Sie immer noch in der erbitterten Schlacht der Operation *Market Garden* an der Westfront in den Niederlanden kämpfen müssen. Im Winter müssen Sie die Frontlinie in Belgien und Luxemburg halten. Dabei sind Sie immer noch nicht in das von den Nazis beherrschte Deutschland vorgedrungen und haben die schrecklichen Konzentrationslager noch nicht befreit. Am Tag 1 nach dem D-Day müssen Sie sich mit dieser Tatsache auseinandersetzen: Auch wenn der Krieg im Grunde schon vorüber ist, stehen einige der härtesten Gefechte noch bevor. Aber der Brückenkopf ist eingerichtet und Sie werden immer aus einer Position des Sieges heraus kämpfen.

Im geistlichen Leben schenkt Jesus Ihnen den nikos. Er stellt Ihnen zur Verfügung, was er am Kreuz bewirkt hat: die Niederlage der Sünde. Er hat einen Brückenkopf des Sieges eingerichtet, damit Sie weitermarschieren können. Von diesem Fundament des Sieges ausgehend können Sie nun kämpfen. Das ist die Einstellung, mit der Sie den heutigen Tag im Gebet angehen sollten.

DAS POWER-GEBET

Alles mündet nun hierin. Das eine große Gebet, das die Verheißung in sich trägt, den Kampf um unser Denken zu gewinnen, geht auf diese Bibelstelle zurück:

> Natürlich bin auch ich nur ein Mensch, aber ich kämpfe nicht mit menschlichen Mitteln. Ich setze nicht die Waffen dieser Welt ein, sondern die Waffen Gottes. Sie sind mächtig genug, jede Festung zu zerstören, jedes menschliche Gedankengebäude niederzureißen, einfach alles zu vernichten, was sich stolz gegen Gott und seine Wahrheit erhebt. Alles menschliche Denken nehmen wir gefangen und unterstellen es Christus, dem es gehorchen muss. (2 Korinther 10,3-5)

Diese Gedanken wollen wir nun entfalten. Die Waffen, mit denen wir kämpfen, haben göttliche Kraft. Sie werden in Epheser 6,1-18 näher beschrieben als die volle Waffenrüstung Gottes: die Gerechtigkeit, die wir von Christus haben; das volle Evangelium des Friedens; der Glaube; das Heil; der Heilige Geist; das Wort Gottes und das Gebet. Diese Waffen haben die Kraft, alles niederzureißen, was sich gegen Gott erhebt. Mit ihnen können wir verhindern, dass sich jeder schädliche Gedanke, der uns durch den Sinn geht, bei uns festsetzt. In Christus brauchen wir dem Feind keinen Platz an unserem Tisch zu geben. Wie geschieht das? Ein kurzes, aber kraftvolles Gebet ergibt sich direkt aus dem vorangehenden Bibeltext:

> Gott, hilf mir, jeden Gedanken gefangen zu nehmen und ihn Christus zu unterstellen.

Das hört sich paradox an, ist es aber nicht. Christus vollbringt das Werk, und dennoch ist es nötig, dass auch wir uns im Gebet und mit Entschlossenheit hineingeben. Wir müssen mit Jesus an einem Strang ziehen.

In Christus ist uns dies möglich, weil er den Brückenkopf geschaffen hat, von dem aus wir vorwärtsgehen und kraftvoll kämpfen können. Die Kraft kommt von Christus. Der Sieg kommt von Christus. Trotzdem müssen wir mit ihm an einem Strang ziehen, denn niemand sonst wird unsere Gedanken für uns gefangen nehmen. Keiner klettert für uns in unseren Kopf, legt sich mit unseren Gedanken an und nimmt alles gefangen, was sich gegen uns stellt. Es ist also Zeit, dass wir selbst aufstehen und Verantwortung übernehmen, dass wir uns mit Christus zusammentun, wenn es um unsere Bestimmung, unsere Zukunft und unseren Sieg geht.

Doch es gibt eine unbequeme Wahrheit, gegen die ich Sie nicht abschirmen und die ich Ihnen nicht versüßen kann: Wenn Sie einen Gedanken nicht gefangen nehmen, geht das Scheitern auf Ihr Konto. Diese Wahrheit spreche ich in Liebe Ihnen gegenüber aus und ich predige sie mir auch selbst. An Ihrem Scheitern ist nicht Ihre Mutter schuld. Oder Ihr Stiefvater. Auch nicht die Probleme, mit denen Sie zu kämpfen haben. Wenn Sie in der Niederlage verweilen, dann weil Sie selbst es zulassen. Wenn Sie die Schlacht um Ihr Denken verlieren, dann passiert das, weil Sie nicht bereit sind, sich auf den Weg zu machen und zu sagen: »Hier muss eine Schlacht geschlagen werden und ich werde kämpfen, um mein Denken zurückzuerobern, denn in mir lebt die Kraft Christi.«

Also müssen Sie genau jetzt und heute die Entscheidung treffen, in der Schlacht um Ihr Denken eine Wende herbeizuführen. Das geschieht, indem Sie im Gebet jeden Gedanken gefangen nehmen. Wie aber funktioniert das genau?

DIE LÜGE ENTLARVEN

Zuerst müssen wir die trügerischen Gedanken in unserem Kopf erkennen. Das hört sich einfach an, aber es ist immer wieder erstaunlich, wie vielen Leute das nicht gelingt. Wir müssen den jeweiligen Gedanken als das sehen, was er ist: eine schädliche Lüge. Wie oft neigen wir dazu, die Vorstellungen, die uns in den Sinn kommen, zu verhätscheln. Nur allzu gern geben wir uns mit unserem Gedankenleben zufrieden. Bei mir ist es jedenfalls so.

Nehmen wir einmal an, Ihnen kommt folgender Gedanke: *Mir geht es besser, wenn ich sündige. Wenn ich zu viel esse. Meinen Begierden nachgebe. Vor Wut um mich schlage.* (Was auch immer Ihr wunder Punkt ist.) Sie verwöhnen diesen Gedanken. Sie hegen und pflegen ihn. Nehmen ihn gastfreundlich auf. Geben ihm eine Unterkunft und versorgen ihn. Sie denken: *Das ist schon alles richtig so. Mir geht's besser, wenn ich sündige. Das Leben ist gerade superschwer, deshalb habe ich das Recht dazu. Ich weiß zwar, dass es mir ziemlich schlecht ging, nachdem ich das letzte Mal zu dieser vertrauten Sünde Zuflucht genommen hatte, und so wird es auch dieses Mal wieder sein. Aber es ist okay, dass ich mich langfristig schlecht fühle, wenn es mir nur wenigstens für eine kurze Zeit besser geht.* Rumms. Der Feind hat gerade an Ihrem Tisch Platz genommen.

Wenn das passiert, sollten Sie laut »Nein!« rufen. Schädliche Gedanken müssen als das benannt werden, was sie sind: Lügen. Sie sollten den Gedanken untersuchen und sagen: »Hey, bevor du ein Zelt in meinem Kopf aufschlägst, schaue ich mir dich mal ganz genau an. Ich glaube nämlich, dass du bei genauerer Betrachtung nicht mit dem Wort Gottes übereinstimmst. Und wenn du nicht mit dem vereinbar bist, was Gott sagt, dann hat dich nicht Gott geschickt. Verschwinde!«

Dann kommt Ihnen ein anderer Gedanke in den Sinn: *Was bin ich nur für ein Jammerlappen!* Werden Sie diesen Gedanken bei sich aufnehmen? Wollen Sie ihn eine Weile in Ihrem Kopf willkommen heißen? Oder sehen Sie ihn als das, was er ist?

Fragen Sie sich: *Woher kommt dieser Gedanke? Kommt er von Gott? Stimmt er mit dem überein, was Gott in der Bibel sagt? Denkt mein Vater im Himmel, ich sei ein Jammerlappen? Auf keinen Fall. Mein Vater im Himmel ist ein Guter Hirte und er weidet mich auf einer grünen Aue. Er erquickt meine Seele. Er führt mich auf rechtem Weg um seines Namens willen. Das hört sich nicht nach jemandem an, der mich als Jammerlappen bezeichnen würde. Ach ja, und dann fällt mir noch Kolosser 3,12 ein. Dort heißt es, ich sei »heilig und geliebt«. Also ist es bestimmt nicht Gott, der mich einen Jammerlappen nennt. Und wenn es nicht Gott ist, dann ist es ja sonnenklar, dass es sich hier um die Stimme des Feindes handelt. Ich werde diesen Gedanken nicht weiter beherbergen. Raus damit!*

NICHT MEIN WILLE, SONDERN DEINER

Nun haben Sie also einen bestimmten Gedanken als Lüge entlarvt. Der nächste Schritt besteht darin, diesem Gedanken in Jesu Namen Fesseln anzulegen. Schauen wir uns die genaue Wortwahl in 2. Korinther 10,5 an: »Alles menschliche Denken nehmen wir gefangen und unterstellen es Christus, dem es gehorchen muss.« Wenn jemand gefangen genommen wird, dann wird er verhaftet. Er wird von einer legalen Autorität am Arm gepackt und in Gewahrsam genommen. Ihm werden Handschellen angelegt. Und er wird gegen seinen Willen festgehalten. Dieser Mensch wird aus dem Verkehr gezogen, damit er niemandem mehr schaden kann.

Wenn wir in Jesu Namen Gedanken gefangen nehmen, geschieht das in einem Gebet, in dem wir und Jesus darin übereinstimmen, dass der Feind keinen Platz in unserem Denken hat. Wir sagen: *»Allmächtiger Gott, ich lege diesem Gedanken im Namen Jesu Fesseln an. Ich nehme ihn gefangen, weil du es mir befohlen hast. Dabei setze ich die Kraft ein, die mir durch den Heiligen Geist zur Verfügung steht, und mit dieser Kraft entscheide ich mich dafür, in Übereinstimmung mit dir zu leben. Dieser Gedanke wird gefangen genommen. Er hat von nun an keine Macht mehr über mich. Er wird hinausgeworfen und ins Gefängnis abtransportiert.«*

Die Gebete, die wir sprechen, sind an Gott gerichtet. Aber manchmal ist es, glaube ich, ganz gut, wenn der Satan und seine üble Gefolgschaft unsere Gebete auch hören. Die geistige Welt ist real und umgibt uns von allen Seiten, selbst wenn wir es nicht sehen. Die Bibel gibt uns keinen Hinweis darauf, dass Satan allwissend ist. Er weiß nicht alles überall und zu allen Zeiten so wie Gott. Wir sollten also nicht glauben, dass der Satan unsere Gedanken lesen kann. Wenn ich mich im Gebet gegen ihn richte, habe ich manchmal den Wunsch, das Gebet laut zu sprechen. Das tue ich immer im Geist von Judas 9. Als der Erzengel Michael mit dem Teufel rang, verwendete er die Formulierung: »Der Herr soll dich bestrafen!« Dadurch drücke ich aus, dass Jesus die Macht hat und dass Christus in mir lebt.

Warum ein so spezielles Gebet, mit dem wir den Satan in Jesu Namen strafen? Weil die Kraft dazu nicht von uns kommt. Sie kommt von Jesus. Weil wir den Namen des Einen nennen sollen, dem alle Macht und Autorität gehören. (Matthäus 28,18) Weil in Kolosser 3,17 steht: »All euer Tun – euer Reden wie euer Handeln – soll zeigen, dass Jesus euer Herr ist.«

An diesem Punkt werden Sie vielleicht sagen: *Jetzt ist Louie total übergeschnappt. Er verlangt von mir, dass ich meine Gedanken in Jesu Namen fessle. Klar, ich mag Jesus und ich gehe auch zur Kirche, aber das hört sich für mich allmählich verrückt an.* Nein, ist es nicht. Verrückt ist, es dem Feind zu erlauben, dass er in unserem Kopf ein Zelt aufschlägt. Verrückt ist es, wenn wir die Sünde gewähren lassen. Verrückt ist, dem Feind einen Platz an unserem Tisch zu geben. Verrückt ist, sich von einem Mörder und Betrüger beeinflussen zu lassen. Darum lassen Sie es nicht zu, dass der Böse die Schlacht um Ihr Denken gewinnt!

Wenn Ihnen ein fragwürdiger Gedanke in den Sinn kommt, sollten Sie prüfen, ob dieser Gedanke mit dem gerechten Charakter Gottes oder mit dem übereinstimmt, was klar in der Bibel steht. Wenn das nicht der Fall ist, sollten Sie diesen Gedanken in Jesu Namen verhaften. Sprechen Sie das Gebet laut oder beten Sie still zum Herrn. Verwenden Sie dieses bestimmte, wohlüberlegte Gebet, um zu verhindern, dass der entsprechende Gedanke in Ihrem Kopf Wurzeln schlägt:

Ich lege diesem Gedanken in Jesu Namen Fesseln an!

Wenn Sie einen Gedanken gefangen nehmen, so besteht Ihr Ziel nach 2. Korinther 10,5 darin, diesen Gedanken »Christus zu unterstellen, dem er gehorchen muss«. Wenn ein Gedanke Christus gehorcht, dann stimmt er entweder mit Christus überein oder er wird von Christus oder von der Lehre Gottes, wie wir sie in der Bibel vorfinden, abgelehnt. Dabei sollten wir uns klarmachen: Wenn wir den Gedanken nicht in Jesu Namen gefangen nehmen, wird er *uns* gefangen nehmen. Wir fesseln diesen Gedanken oder er wird mit der Zeit *uns* Fesseln anlegen. Also sollten wir lieber schnell reagieren, denn irgendjemand oder irgendetwas wird auf jeden Fall in Gefangenschaft geraten. Verwenden Sie den Namen Jesu mit Autorität. Legen Sie den Gedanken, die nicht von Gott kommen und nicht mit dem Wort Gottes übereinstimmen, Fesseln an.

Verwenden Sie den Namen Jesu mit Autorität. Legen Sie den Gedanken, die nicht mit dem Wort Gottes übereinstimmen, Fesseln an.

Sicherlich haben Sie schon gehört, wie es für Jesus im Garten Gethsemane war in der Nacht, als er verraten wurde. Bevor Judas die römischen Soldaten zu Jesus führte und ihn mit einem Kuss verriet, betete Jesus dort in dem Garten. Es war eine sehr intensive und leidvolle Zeit. Jesu Schweiß fiel wie Blutstropfen auf die Erde. Ja, diese Nacht war so schwer für Jesus, dass er Gott dreimal bat, ihn nicht ans Kreuz zu schicken. (Matthäus 26,39.42.44)

Als Jesus sich auf das Größte vorbereitete, was jemals auf dem Planeten Erde getan wurde, durchlebte er zugleich die größte Prüfung. (Nebenbei bemerkt: Wenn Sie etwas Großes für Gott tun wollen, sollten Sie damit rechnen, im Vorfeld auch intensiv geprüft zu werden. Großes Vertrauen erfordert große Prüfungen.)

Jesus kämpfte anscheinend mit dem Gedanken, unsere Sünden auf sich zu nehmen, doch letztendlich ordnete er diesen Kampf dem Wunsch seines Vaters unter, uns zu »heiligen« und zu erlösen. Selbst Jesus nahm also seine Gedanken gefangen und unterstellte sie Gott dem Allmächtigen. Er beendete seine Gebete mit den Worten: »Nicht was ich will, sondern was du willst, soll geschehen«. (Lukas 22,42) Selbst in dieser stärksten Versuchung sündigte Jesus nicht. Er ist das perfekte Vorbild dafür, wie man Gedanken gefangen nimmt! Das Muster wurde uns also von ihm vorgegeben.

DER DJ UNSERER EIGENEN GEDANKEN

Zuerst haben wir also den schädlichen Gedanken entlarvt. Im zweiten Schritt haben wir ihn in Jesu Namen gefangen genommen. Als Drittes werden wir nun mithilfe der Bibel unsere Lebensgeschichte neu schreiben. Wenn Probleme auftauchen und wir am liebsten wieder in unsere alten destruktiven Muster verfallen würden, können wir so den Ablauf verändern. Das gelingt uns in erster Linie dadurch, dass wir die Bibel kennen.

Ja, genau, wir lernen Bibelverse auswendig und wiederholen sie für uns in unseren Gedanken! Wir ersetzen die trügerischen Gedanken durch die Wahrheit. Wenn wir uns mit dem vertraut machen, was in der Bibel steht, und uns Gottes Wahrheit immer wieder vor Augen halten, sodass wir sie zweifelsfrei kennen, gelingt es uns, auf dem richtigen Weg zu bleiben.

»Aber Louie«, werden jetzt vielleicht manche einwenden, *»ich habe nicht die Zeit, Bibelverse auswendig zu lernen.«* Wirklich? Sie haben Zeit für Ihren Sport. Sie haben Zeit, um sich noch drei neue Geschäftsangebote anzusehen, bevor Sie morgen zur Arbeit fahren. Sie haben die Zeit, am Wochenende

mehrere Folgen Ihrer Lieblingsserie anzuschauen. Sie haben die Zeit, sich morgens auf dem Weg zur Arbeit im Auto einen Podcast anzuhören. Sie haben die Zeit, schädliche Gedanken in Ihrem Kopf Raum und Zeit einzuräumen. Also haben Sie auch die Zeit, sich Bibelverse einzuprägen. Wenn Sie den Sieg wollen, müssen Sie auch bereit sein zu kämpfen. Wenn Sie dazu nicht bereit sind, werden Sie nicht gewinnen. Sobald Sie die Schlacht um Ihr Denken verloren haben, sind Sie erledigt. Besiegt.

Beginnen Sie mit Ihrem Siegeszug, indem Sie Gottes Wahrheit auf Karteikarten schreiben und diese an Ihren Hometrainer heften. Jeden Morgen, wenn Sie trainieren, schauen Sie sich währenddessen diese Bibelworte an. Oder Sie lassen jeden zweiten Abend eine Fernsehsendung ausfallen und nutzen diese Zeit zum Auswendiglernen von Bibelversen. Oder laden Sie sich eine Hörbibel herunter und hören Sie sich diese morgens auf dem Weg zur Arbeit an. Füllen Sie Ihre Gedanken auf diese Weise immer wieder mit Gottes Wahrheit. Sie können jetzt schon damit beginnen, in der Schlacht um Ihr Denken den Sieg zu erringen. Erneuern Sie Ihr Denken mit der Wahrheit. Richten Sie ihre Gedanken darauf. Erinnern Sie sich selbst oft daran und Sie werden sehen, wie Gott Sie befreit.

Haben Sie sich schon einmal mit all den Bibelversen beschäftigt, die uns dazu auffordern, die Heilige Schrift tief in uns aufzunehmen? Ich möchte ein paar davon mit eigenen Worten umschreiben. In Psalm 119,11 heißt es, wir sollten uns Gottes Wort einprägen, um nicht vor Gott schuldig zu werden. Josua 1,8 fordert uns auf, uns die Gebote Gottes immer wieder aufzusagen und beständig über sie nachzudenken. Kolosser 3,16 ermahnt uns dazu, die Botschaft von Christus ihren ganzen Reichtum bei uns entfalten zu lassen. In Matthäus 4,4 wird das Wort Gottes als Nahrung bezeichnet, von der wir leben. Hebräer 4,12 beschreibt Gottes Wort als lebendig und wirksam. In Johannes 15,7 heißt es, Gottes Wort solle in uns bleiben. 5 Mose 11,18-20 ermutigt uns, die Worte Gottes im Herzen zu behalten und immer an sie zu denken; wir sollen sie sogar zur Erinnerung auf ein Band schreiben und dieses um die Hand und die Stirn binden, die Gebote auch unseren Kindern beibringen und immer und überall davon reden, ob wir zu Hause oder unterwegs sind, ob wir uns schlafen legen oder aufstehen. Psalm 19,8 fordert uns auf, das Gesetz des Herrn zu beachten, weil es belebt und neue Kraft schenkt. In Psalm 119,32 steht, wir sollten zielstrebig den Weg gehen, den Gottes Gebote uns weisen, weil er unser Herz verständig und bereit macht.

Wie schlug Jesus den Feind zurück, als er in der Wüste von ihm in Versuchung geführt wurde? Indem er ihm Worte aus der Bibel vorhielt! »Es steht in der Heiligen Schrift ... In der Schrift steht doch ...« Das ist die Taktik, die zum Sieg führt. Unser ganzes Leben sollte von der Bibel durchdrungen und umgeben sein. Sie sollte uns vor Augen stehen, uns im Ohr klingen und unseren ganzen Verstand durchdringen. Wir brauchen sie zu Hause, in unserem Spind bei der Arbeit, auf dem Computer und als Zettel am Spiegel oder auf dem Schreibtisch. Wir sollten über sie sprechen, sie in Liedern singen oder hören. Die Heilige Schrift hält uns von der Sünde ab. (Psalm 119,11) Sie hilft uns, Sorgen zu überwinden. (Philipper 4,6) Sie festigt unseren Glauben und macht uns zu reifen Christen. (Kolosser 2,6-7) Durch sie entdecken wir Gottes guten und vollkommenen Willen für unser Leben. (Römer 12,2) Wenn wir unser Denken mit dem Wort Gottes füllen, bekommen wir die Kontrolle über die Playlist unserer Gedanken.

Wenn wir unser Denken mit dem Wort Gottes füllen, bekommen wir die Kontrolle über die Playlist unserer Gedanken.

Wir werden also zum DJ unserer eigenen Gedankenwelt.

LIEBER GEMÜSE ALS DIE FREIHEIT?

Und schließlich zeigt die Bibel uns auch, wie wir unser Gedankenleben im Offensivspiel einsetzen können. Wie leicht fallen wir in unser altes Denken zurück. Das passiert immer wieder. Wir entlarven schädliche Gedanken, legen ihnen in Jesu Namen Fesseln an und lernen Bibelverse auswendig. Trotzdem geraten wir in Versuchung, in unseren alten Lebensstil zurückzukehren. Die Vergangenheit sieht im Rückblick immer besser aus, als sie tatsächlich war, während wir sie durchlebten. *Ach, weißt du noch, wie du immer wieder zu dieser Fantasie Zuflucht genommen hast? Wie du dich in diese Denkweise geflüchtet hast?*

Nachdem das Volk Israel aus der ägyptischen Gefangenschaft befreit worden war, träumte es tatsächlich von einer Rückkehr. In 4. Mose 11,5-6 wird berichtet, wie die Israeliten herumsaßen und sich über das Manna beschwerten, die perfekte Nahrung, mit der Gott sie in der Wüste versorgt hatte. Statt im Sieg voranzugehen, dachten sie wehmütig an »Kürbisse, Melonen, Lauch, Zwiebeln und Knoblauch«, das Gemüse, das sie in Ägypten gehabt hatten. Wie verrückt ist das denn?! Die Israeliten mussten wohl sehr gern Zwiebeln gegessen haben. So sehr, dass sie sogar ihre Freiheit dafür hergegeben hätten. *Oh ja, lasst uns nach Ägypten zurückgehen und wieder Sklaven werden, damit wir Zwiebeln essen können!*

Philipper 4,8 aber weist uns einen anderen Weg. Es liefert uns allerdings keine Schritt-für-Schritt-Anleitung, sondern eher eine Art Kompass. Dort erfahren wir nicht, was genau wir denken sollen. Vielmehr werden uns dort verschiedene Kategorien vorgestellt, über die wir nachdenken sollten. So führt man ein Offensivspiel. Statt uns nur gegen die schädlichen Gedanken zu verteidigen, die uns in den Sinn kommen, übernehmen wir das Heft des Handelns und pflanzen uns bewusst hilfreiche Gedanken ein. Hier die Kategorien, auf die wir nach Philipper 4,8 unser Denken ausrichten sollen:

alles, was …
wahrhaftig,
vorbildlich,
gerecht,
redlich,
liebenswert ist,
einen guten Ruf hat,
was bei unseren Mitmenschen als Tugend gilt
und Lob verdient.

Prägen Sie sich Philipper 4,8 ein und denken Sie über jede der Kategorien nach, die in dem Vers aufgezählt werden. Fragen Sie sich: *Über welche wahrhaftigen Dinge kann ich jetzt gerade nachdenken? Was ist vorbildlich?* Und so weiter. Gehen Sie den ganzen Vers durch. Vielleicht sind die Gedanken, die Ihnen dann in den Sinn kommen, wiederum mit anderen Bibelversen verbunden. Oder die Gedanken dienen einfach nur Gott zur Ehre. Sie werden darüber nachdenken, wie sehr Sie Ihre Familie und Ihre Verwandten lieben. Wie gern Sie Skateboard fahren. Sie stellen sich einen perfekten Sonnenaufgang vor. Oder eine Wanderung gemeinsam mit Ihren Freunden.

Das ist eine wirksame Methode, wie wir unsere Geschichte verändern können: indem wir in die Offensive gehen und am Morgen gleich als Erstes über diese Dinge nachdenken. Anschließend nehmen wir sie mit in den Tag. Wir hören nicht auf, uns diese Wahrheiten zu sagen, bis wir abends wieder einschlafen. Eine andere Möglichkeit wäre, jeden Tag über eine der Kategorien nachzudenken, und das den ganzen Tag über. Eine Kategorie für jeden Wochentag. Überlegen Sie, welche Auswirkungen es hätte, wenn Sie Ihr Denken den ganzen Tag auf das ausrichten, was *einen guten Ruf* hat. Sie können sich auch jeden Tag eine bestimmte biblische Tatsache vor Augen halten, zum Beispiel:

- **Montag:** Mein Gott kennt meinen Namen. (Jesaja 43,1)
- **Dienstag:** Mein Gott geht vor mir her. (5 Mose 31,8)
- **Mittwoch:** Alles kann ich durch Christus, der mir Kraft gibt. (Philipper 4,13)
- **Donnerstag:** Was ich in dieser Welt erleide, ist nichts verglichen mit der Herrlichkeit, die Gott mir einmal schenken wird. (Römer 8,18)
- **Freitag:** Alle Waffen, die man gegen mich richtet, treffen ins Leere. (Jesaja 54,17)
- **Samstag:** Ich bin ein Kind Gottes. (Römer 8,16)
- **Sonntag:** Die Kraft, mit der Jesus von den Toten erweckt wurde, wirkt auch in mir. (Epheser 1,18-20)

Ich praktiziere das auch selbst. Heute Morgen, als ich an diesem Kapitel arbeitete, ging mir plötzlich der Gedanke durch den Kopf, dass dieses Buch am Ende für niemanden hilfreich sein würde. Vielleicht tippte ich den ganzen Text völlig umsonst ein. *Will überhaupt jemand das hier lesen? Ist es für irgendjemanden wichtig?* Die negativen Gedanken vernebelten meinen Verstand. Ein paar Augenblicke beschäftigte ich mich mit diesen Überlegungen und merkte, wie sich Niedergeschlagenheit bei mir breitmachte. Dann erkannte ich, was hier vor sich ging. Laut sagte ich in meinem Arbeitszimmer: »Herr, ich brauche Hilfe. Ich weiß, dass das nicht von dir kommt.«

Ich betete ganz konkret und nahm diese Gedanken in Jesu Namen gefangen.

Dann ging ich in die Offensive. Was gab es an Wahrhaftigem, Vorbildlichem, Gerechtem und Gutem, über das ich nachsinnen konnte? Ich begann an die Menschen zu denken, die in Jesu Namen von schädlichen Gedanken befreit werden konnten. Die sich dafür entscheiden konnten, dem Feind keinen Platz an ihrem Tisch zu geben. Dann kam mir ein Vers aus meiner täglichen Bibellese in den Sinn – Josua 1,5: »Ich bin bei dir, so wie ich bei Mose gewesen bin.« Wie eine Granate zerstörte diese Wahrheit die negativen Gedanken, die meinen Verstand in Beschlag nehmen wollten.

Dieser Bibelvers wurde für den Rest des Tages zu meiner Erzählung. Ich erinnerte mich an ihn, als ich an die Arbeit zurückkehrte. Derselbe Gott, der bei Mose war, er war auch bei mir.

Und der Feind saß *nicht* bei mir am Tisch.

Was aber, wenn der Feind bereits Platz genommen hat? Ich möchte die biblische Lehre aus diesem Kapitel nicht untergraben. Aber ich will die Realität von Hebräer 12,1-2 anerkennen, dass es Sünden gibt, die uns *so leicht* umstricken können. Wenn wir sündigen, versinken wir dann sofort? Wenn wir es zugelassen haben, dass die Saat eines Gedankens bei uns Wurzeln schlägt, wenn wir dem Feind einen Platz an unserem Tisch gegeben haben, gibt es dann trotzdem noch Hoffnung? Ja, große Hoffnung sogar – aufgrund der überfließenden Gnade Gottes!

Kapitel 8

Gottes Gnade befreit von Schuld und Scham

Was passiert, wenn wir dem Feind einen Platz an unserem Tisch geben, obwohl wir uns zuvor bemüht haben, ihn durch Gebet und Gnade von uns fernzuhalten? Ist Gott dann fertig mit uns, sind wir disqualifiziert und werden keine Beziehung mehr zu ihm haben, ihm nicht mehr dienen können? Die einfache Antwort lautet: »Nein.« Das Wesen des Evangeliums besteht darin, dass Gott unsere Sünden durch Jesus Christus vergibt und uns völlig neu macht. Von uns wird verlangt, dass wir unsere Sünden bekennen, dem Herrn gegenüber zugeben, dass wir die Gedanken des Feindes bei uns beherbergt oder sogar ihnen entsprechend gehandelt haben. Wenn wir unsere Sünden bereuen, löscht Gott diese aus. Er vergibt uns und reinigt uns. Gott vertreibt den Teufel von unserem Tisch. Sprüche 28,13 verweist auf die Kraft des Sündenbekenntnisses: »Wer seine Sünden vertuscht, hat kein Glück; wer sie aber bekennt und meidet, der wird Erbarmen finden.«

Doch selbst wenn wir unsere Sünden bekannt haben, bleiben oftmals zwei Folgen von ihnen bestehen: Schuld und

Scham. Oft sind diese untrennbar miteinander verbunden, obwohl sie eigentlich verschieden sind. Manchmal werden diese beiden Begriffe verwendet, als seien sie austauschbar; dabei wäre es eigentlich wichtig, den Unterschied zu erkennen.

Schuld bedeutet, dass wir für unsere Sünden und Verfehlungen zur Verantwortung gezogen werden. Es ist ein juristischer Begriff, der mit Reue zu tun hat. Im Rahmen der geistlichen Gerechtigkeit müssen wir die Verantwortung für Entscheidungen übernehmen, die wir getroffen haben, sofern diese Gottes Maßstäben nicht gerecht werden. Wir haben etwas getan oder gedacht, das unangebracht, unehrenhaft, falsch, unwürdig, verwerflich, unrein oder lieblos war. Wir haben dem Feind einen Platz an unserem Tisch gegeben. Der Hammer fällt. Das Urteil wird gesprochen. Durch unser Handeln oder unsere Herzenseinstellung haben wir die Herrlichkeit Gottes verfehlt und dafür sind wir verantwortlich. Wir sind schuldig.

Scham dagegen ist das Gefühl, durch unsere Sünde und unsere Verfehlungen definiert zu werden. Die Scham erkennt die Schuld an, aber sie verknüpft die Sünde mit der eigenen Identität. Während die Schuld ein juristischer und geistlicher Zustand ist, ist die Scham ein emotionaler und geistiger Zustand. Wenn wir Schuld erfahren, geben wir zu, dass wir etwas falsch gemacht haben. Wir sagen: »Ich habe etwas Unrechtes getan« oder: »Ich habe etwas Schlechtes gedacht oder gesagt«. Wenn wir aber Scham empfinden, nehmen wir die Sünde auf uns. Wir sagen: »*Ich bin* etwas U*nrechtes« oder: »Ich bin* schlecht«.

Viele von uns gehen belastet von Schuld und Scham durchs Leben. Das hindert uns daran, in der Freiheit zu leben, die für uns am Kreuz erkauft wurde. Doch so muss es nicht bleiben.

Ich möchte mich hier sowohl mit der Schuld als auch mit der Scham beschäftigen, weil sie unterschiedlich sind und doch für beide dieselbe Lösung gilt. Der Weg aus der Schuld und der Scham erfolgt durch Gottes Gnade. Wenn es um juristische oder soziale Zusammenhänge geht, kann es zwar sein, dass eine Wiedergutmachung geleistet, eine Entschuldigung ausgesprochen, eine Haftstrafe abgeleistet oder eine Geldstrafe bezahlt werden muss. Auch dies kann ein Teil der Lösung sein. Die letztendliche Lösung jedoch ist immer die Gnade Gottes. Viele von uns gehen mit einer Last von Schuld und Scham durchs Leben. Das hindert uns daran, in der Freiheit zu leben, die für uns am Kreuz erkauft wurde. Doch so muss es nicht bleiben. Wir können den Sieg erringen.

DIE GNADE HAT RÜCKGRAT

Der Weg in die Freiheit steht allen Menschen offen. Gottes Gnade gibt ihnen Deckung. Die Gnade hat nichts Flüchtiges, Unsolides oder Duckmäuserisches an sich. Sie besitzt Durchhaltevermögen, Rückgrat und Muskeln. Sie ist der linke Haken, der die Macht der Sünde k. o. schlägt.

Schauen wir uns zuerst an, wie die Gnade die Scham beseitigt. Die Scham ist eine starke, zerstörerische Macht. Sie bewirkt, dass wir uns unwürdig fühlen und denken, wir hätten die Liebe Gottes, seine Annahme, seine Bestimmung und seine Verheißungen für uns nicht verdient. Wir fühlen uns so beeinträchtigt, dass wir meinen, einen irreparablen Schaden erlitten zu haben. Wer Scham empfindet, der neigt dazu, sich zu verstecken. Wir versuchen, uns vor Gott zu verbergen, indem wir unsere Schuld abstreiten oder ihm aus dem Weg gehen. Manchmal verstecken wir uns auch vor anderen Menschen, hinter vielen Schichten und Mauern, Titeln, Fleiß und Leistungen. Wir wollen nicht, dass andere uns wirklich kennenlernen, deshalb halten wir sie von uns fern. Oder wir wollen nicht, dass sie wissen, was mit uns passiert ist. Die Scham sperrt uns in unserer Vergangenheit ein.

In der Bibel ist die vielsagende Bemerkung zu finden, dass Adam und Eva nach ihrer Erschaffung im Garten Eden nackt waren, sich aber nicht schämten. (1. Mose 2,25) Vor dem Sündenfall war alles, was Gott geschaffen hatte, gut. Nackt zu sein und sich nicht zu schämen gehörte zu dem Guten, das es im Paradies gab. Ja, der Garten war schön. Es gab Pflanzen, Nahrung und Tiere. Alles war in einem unberührten Zustand. Interessant also, dass die ultimative Beschreibung des paradiesisch Guten die Abwesenheit von Scham war.

Dann aber kam der Sündenfall. Adam und Eva trafen eine verheerende Entscheidung, die gewaltige Konsequenzen nach sich zog. In der Folge brach die Welt entzwei. Sowohl Schuld als auch Scham traten in ihr Leben – und auch in unseres. Von einer Minute zur anderen waren Adam und Eva nicht mehr nackt und frei von Scham, sondern sie versteckten sich vor Gott und versuchten verzweifelt, ihre Blöße mit Feigenblättern zu bedecken.

Glücklicherweise entwickelte Gott noch dort im Garten einen Rettungsplan. Was Adam und Eva betraf, so schützte und bekleidete Gott die beiden mit Kleidern aus Tierhäuten, die er für sie anfertigte. Er verwies auf die Zukunft und auf das Kreuz, wenn die Schlange Jesus zwar schaden würde, indem sie ihn in die Ferse biss, er aber den vollen Sieg über sie erlangen würde, indem er ihr den Kopf zertrat. (1. Mose 3,15) Mit anderen Worten: Gott würde die Sünde und den Tod vernichten und die Menschen wieder in die Gemeinschaft mit ihm hineinholen.

Dank des Werkes, das Jesus am Kreuz vollbracht hat, können Sie und ich frei von Scham leben. Behalten Sie diese Tatsache im Blick. Die Scham muss nicht Teil Ihrer Geschichte sein! Auf dieses Thema werden wir später noch einmal zurückkommen.

JESUS BEFREIT

Zweitens wollen wir uns anschauen, inwiefern die Gnade auch die Lösung für unsere Schuld darstellt. Durch das Werk, das

Jesus am Kreuz vollbracht hat, kommt die Gnade Gottes in unsere Lebensgeschichte hinein und befreit uns von unserer Schuld. Die Gnade lässt uns gerechtfertigt vor Gott dastehen. Zwar muss eine Strafe für unsere Verfehlungen bezahlt werden, doch die hat Jesus bereits für uns auf sich genommen. Er hat uns befreit.

Hinweise auf die Gnade, die Sie und ich heute genießen dürfen, finden sich schon im Alten Testament. Gott war die ganze Zeit geduldig mit seinem Volk; stets wartete er darauf, dass sie auf seine Heiligkeit in angemessener Weise reagierten. Jesaja 6 beschreibt eine Vision des Propheten, in der er den Herrn und den Himmel sah. Es war ein schönes und machtvolles Bild, aber Jesaja reagierte darauf nicht mit einem »Wow, ist das cool!«. Ihm wurde vielmehr seine Schuld bewusst. Er rief: »Ich bin verloren! Denn ich bin ein Sünder und gehöre zu einem Volk von Sündern. Mit jedem Wort, das über unsere Lippen kommt, machen wir uns schuldig! Und nun habe ich den Herrn gesehen, den allmächtigen Gott und König!« (Vers 5) Jesaja war völlig niedergeschmettert, als er so vor Gott stand. Er sah Gott und erkannte zugleich die Kluft zwischen dem, wie er selbst war und wie Gott ist.

Jesajas Reaktion weist uns auf das vollendete Werk Jesu am Kreuz hin. Durch den Akt der Buße können wir uns dieses Werk zu eigen machen, wenn wir den Worten Jesajas entsprechend beten: »Ich bin verloren! Ich habe Gottes heilige Maßstäbe nicht erfüllt. Ich bin hinter dem zurückgeblieben, was Gott mir zugedacht hat. Ich habe das Beste, was Gott für mein Leben bereit hatte, nicht erreicht. Das gebe ich zu. Ich übernehme die Verantwortung dafür. Ich erkenne, dass ich für meine Entscheidungen und für meine Sünde vor dem allmächtigen Gott Rechenschaft ablegen muss.« Das ist schlichtweg wahr – dass ich für meine Sünde verantwortlich bin –, egal ob ich es eingestehe und ob ich emotional darauf reagiere oder nicht.

Buße ist nichts Negatives. Der Akt des Schuldeingeständnisses öffnet die Tür namens Gnade und Gott kommt durch diese Tür zu uns und tut, was niemand von uns für sich selbst tun kann. Gnade ist das, was Jesaja zuteilwurde. Die gute Nachricht wird in den Versen 6 und 7 berichtet: Ein Engel fliegt mit einer glühenden Kohle in der Hand zu Jesaja. Versetzen wir uns einmal in Jesajas Lage. Er sieht einen Seraphen, ein beeindruckendes himmlisches Wesen mit sechs Flügeln, in schnellem Flug auf sich zukommen. Dieser hat ein brennendes Stück Kohle vom Altar Gottes in der Hand. Ich wette, dass Jesaja dachte, nun sei alles vorbei; er sei erledigt. Stattdessen berührt der Engel Jesajas Mund und sagt: »Schau, die glühende Kohle hat deine Lippen berührt. Deine Schuld ist jetzt weggenommen, dir sind deine Sünden vergeben«. (Vers 7) Für Jesaja war das eine gute Nachricht, denn es bedeutete, dass er nicht ausgelöscht wurde. Seine Buße öffnete die Tür der Gnade. Gott kam durch diese Tür zu ihm und sagte sinngemäß: »Nein, ich werde dich nicht auslöschen. Ich werde deine Schuld auslöschen. Sie wird von dir genommen. Deine Sünde ist gesühnt.«

Wenn wir die Geschichte bis zum Neuen Testament vorspulen, sehen wir eine lebendige brennende Kohle vom Himmel kommen, den Heiligen Gottes, Jesus Christus. Er opfert auf Golgatha sein unschuldiges Leben und nimmt unsere Schuld auf sich. Durch seinen Tod, sein Begräbnis und seine Auferstehung läutet Jesus die Glocke unserer Freiheit. Jesus war rein und unschuldig und am Kreuz fand vor dem himmlischen Gericht ein großer Tausch statt. Sie und ich hatten uns durch unsere Sünden und Verfehlungen schuldig gemacht, aber Gott nahm unsere Schuld und legte sie auf seinen unschuldigen, gerechten Sohn, der sie freiwillig trug. Dann nahm Gott die Unschuld und Gerechtigkeit seines Sohnes und stellte sie uns zur Verfügung. Jedem, der seine Sünden bereut, spricht Gott die Vergebung auf dieselbe Weise zu, wie der Seraph es Jesaja gegenüber tat: »Deine Schuld wird von dir genommen. Deine Sünde ist gesühnt.« Durch Christus sind wir unschuldig. Wir sind gerecht. Wir werden von dem heiligen und gerechten

Gott freigesprochen. Jesus hat all unsere Schuld auf sich genommen. Wir werden völlig neu.

Dies alles wird in 1. Johannes 1,9 klar zum Ausdruck gebracht. Der Apostel wendet sich an Menschen, die neu zum Glauben gekommen sind, und hilft ihnen, die Kraft des Evangeliums zu verstehen. Er schreibt: »Wenn wir unsere Sünden bekennen, dann erweist sich Gott als treu und gerecht: Er wird unsere Sünden vergeben und uns von allem Bösen reinigen.« Das bedeutet, dass das Bekennen unserer Sünden von zentraler Bedeutung ist. Wenn wir sie bekennen, geben wir dadurch zu, dass wir für sie verantwortlich sind. Wir sagen: »Ich habe das getan und es war falsch.« Und nun kommt die beste Nachricht überhaupt: Wenn wir als Christen sündigen, bekennen wir unsere Sünden, damit wir unsere Beziehung zu Gott wieder unbelastet leben können. Weil Jesus am Kreuz starb, ist uns bereits vergeben. Jesus kehrt nicht ans Kreuz zurück und stirbt ein zweites Mal. Sein Werk der Vergebung ist vollbracht. Also sagen wir: »Vater, es tut mir leid, dass ich gesündigt habe. Ich bekenne es. Danke, dass mir in Christus vergeben ist. Ich nehme das an und bitte dich, mir die Gnade und Kraft zu verleihen, damit ich in eine andere Richtung gehen kann.« Wir bekennen sowohl unsere Sünde als auch die Vergebung. Das ist eine tolle Nachricht, ein richtiger Grund zum Feiern!

Das aber wird der Feind nicht stillschweigend hinnehmen. Er wird alles tun, was er kann, um uns nie endende Schuldgefühle einzuflößen. Erkennen Sie seine bedrohliche Stimme? *Na ja, ich sehe ja, dass du ein Christ bist. Du glaubst, dass du nach dem Tod in den Himmel kommst. Das ist ja alles schön und gut. Aber ich werde dir dein Leben jetzt schon zur Hölle machen, indem ich dir alles zeige, was du je falsch gemacht hast, was du im Augenblick falsch machst und was du in Zukunft falsch machen wirst. Ja, genau – ich buche für dich eine Kreuzfahrt ohne Wiederkehr. Ich nehme dich mit auf eine endlose Reise durch deine Schuldgefühle, und ich bin der Kapitän, damit das klar ist.*

Wie leicht springen wir auf dieses Schiff auf. Der Feind erinnert sich an alles und er wird all die hässlichen Details wieder zum Leben erwecken. Er wird fleißig daran arbeiten, uns davon zu überzeugen, dass alles gut wird, wenn wir unsere Sünden verbergen. Wenn wir sie nur stark genug unterdrücken oder Party machen, um alles zu vergessen – genau das brauchen wir, um uns gut zu fühlen.

Nein. Das funktioniert niemals. Es wird Zeit, vom Schiff zu springen. Unsere Schuld wird nie dadurch beseitigt, dass wir sie verbergen. Erst wenn wir sie ins Licht der Gnade Christi bringen, werden unsere Sünden gesühnt und unsere Schuld wird beseitigt. In der heiligen, liebevollen und gütigen Gegenwart Jesu können wir sagen: »Herr, ich bekenne, dass ich bestimmte Dinge falsch gemacht habe. Und ich möchte dir sagen, dass auch mir unrecht getan wurde. All dies hat mich beeinträchtigt. Beschädigt. Verletzt. Ich bin selbst sowohl ein Verursacher von Sünde als auch ein Opfer. Aber ich möchte deine Vergebung und deine Freiheit. Ich will mich nicht mehr vor dir verstecken. Ich möchte, dass du alles siehst, was ich getan habe und was mir angetan wurde. Durch dein Werk sind die Folgen der Sünde beseitigt. Durch deine Wunden werde ich geheilt.«

EINE NEUE IDENTITÄT

Die Gnade löscht nicht nur unsere Schuld und Scham aus, sie erneuert uns auch. Die größte Veränderung besteht darin, dass wir vom »Versager« zum »Familienmitglied« werden.

Im Jahr 1850 schrieb Nathaniel Hawthorne einen Roman mit dem Titel *Der scharlachrote Buchstabe*. Er erzählt die Geschichte einer jungen Frau namens Hester Prynne, die nach einer Affäre ein Kind bekommt. Hester wird wegen Ehebruchs ins Gefängnis gesperrt, damit sie ihr Versagen deutlich zu spüren bekommt. Als ihr Kind etwa drei Monate alt ist, wird sie entlassen. Ihre ursprüngliche Schuld gegenüber der Gesellschaft soll damit bezahlt sein. Um sie aber dauerhaft zu beschämen, zwingen die Einwohner ihrer Stadt sie, drei Stunden auf einem Schafott zu stehen, wobei ein rotes A aus einem Stück Tuch vorne an ihr Kleid geheftet ist. Die Folgen dieser öffentlichen Schande werden für sie eine nie endende Strafe sein. Noch Jahre danach wird Hester wie eine Aussätzige behandelt.

Viele von uns laufen mit ihrem ganz eigenen »scharlachroten Buchstaben« herum. Sie lassen sich durch ihre Schuld festlegen. Sie schauen sich den Buchstaben auf ihrer Brust an und sagen: »Ja genau, das bin ich.« Vielleicht ist es aber auch die Schuld eines anderen Menschen, die in unser Leben eingedrungen ist. Selbst dann kann es sein, dass wir in den Spiegel schauen und sagen: »Ich bin beschädigt. Ich bin ruiniert.« Wir übernehmen die Fehler der anderen und tragen sie mit uns herum, als seien sie unsere eigenen.

Der Feind will uns auf *unsere* Narben festlegen. Doch Jesus macht uns durch *seine* Narben frei.

Gott aber verändert unsere Identität. Der Feind will uns auf *unsere* Narben festlegen. Doch Jesus macht uns durch *seine* Narben frei. Seine Gnade ersetzt unsere alte Identität durch eine neue. In 1. Johannes 3,1 heißt es: »Seht doch, wie sehr uns der Vater geliebt hat! Seine Liebe ist so groß, dass er uns seine Kinder nennt – *und wir sind es wirklich!*« Das ist unsere neue Identität. Wir sind Söhne und Töchter Gottes. Wir sind Königskinder. Gott hat uns in sein Testament aufgenommen und damit sind wir Erben all dessen, was Gott besitzt. Wir dürfen die überschwängliche Liebe Gottes genießen, die uns von Versagern zu Familienmitgliedern gemacht hat. Die Gnade löscht nicht nur die Schuld und Scham aus; sie lässt uns in einem neuen Licht erscheinen. Wir sind geliebte Familienangehörige Gottes und deshalb bekommen wir einen Platz am Tisch des allmächtigen Gottes.

Betrachten wir einmal das Leben des Apostels Petrus und wie Gott ihn vom Versager zum Familienmitglied machte. Ein wenig Hintergrundwissen kann uns dabei helfen. Wussten Sie, dass Petrus ursprünglich gar nicht so hieß? Sein eigentlicher Name war Simon, aber als Jesus ihn das erste Mal traf, gab er ihm den Namen Petrus. Petrus neigte dazu, erst zu handeln und dann nachzudenken. Als Jesus den rauen Fischer kennenlernte, gab er ihm den Spitznamen »der Fels«. Die kühne Persönlichkeit des Petrus tritt in den Evangelien an vielen Stellen zutage.

Als Jesus das Abendmahl mit den zwölf Jüngern feierte, die ihm am nächsten standen, machte er deutlich, dass jemand ihn an diesem Abend verraten würde. Die Jünger konnten es nicht glauben. Vor allem Petrus nicht. Er nahm kein Blatt vor den Mund, strotzte vor Empörung und gut gemeinter Prahlerei. *Damit bin auf keinen Fall ich gemeint, sagte er. Kann sein, dass ein paar von den anderen umkippen, aber ich doch nicht. Ich werde dich niemals verraten. Ich haue nicht ab. Auf mich kannst du zählen, Jesus. Ich liebe dich mehr als die anderen hier. Ich bin bereit, mit dir ins Gefängnis und in den Tod zu gehen.*

Jesus schaute ihn an und erwiderte: »Petrus, ich sage dir: Heute Nacht, noch ehe der Hahn kräht, wirst du dreimal geleugnet haben, mich zu kennen«. (Lukas 22,34)

Das Abendmahl war beendet. Die Jünger gingen zum Garten Gethsemane, wo Jesus mit großem Ernst betete. Judas führte die römischen Soldaten zu Jesus und verriet ihn im schwachen Licht der Fackeln mit einem Kuss. Jesus wurde verhaftet. Dann wurde er die ganze Nacht über zwischen den verschiedenen Behörden Jerusalems hin- und hergeschoben. Er wurde verspottet, verachtet, verhört, angespuckt und geschlagen. Wir wissen nicht, wo all die anderen Jünger waren, aber wir wissen, dass Petrus ihm in einer gewissen Entfernung folgte. Seine guten Absichten brachten ihn immerhin so weit. Aber dann kam es hart auf hart.

Es war schon spät in jener unseligen Nacht, als Jesus am Amtssitz des Hohepriesters Kaiphas verhört wurde. Es war kalt und Petrus stand draußen im Hof und wärmte sich die Hände an einem Feuer. Zahlreiche Leute standen herum und eine junge Frau begann Petrus auszufragen. Sie hatte ihn als einen der Jünger von Jesus erkannt. Aber Petrus verneinte und sagte, sie müsse sich wohl geirrt haben. Daraufhin erkannte jemand anderes ihn wieder, aber auch hier leugnete Petrus. Eine Stunde später hörte eine andere Person am Dialekt von Petrus, dass er aus Galiläa stammte, und fragte ihn, ob er Jesus kenne. Das war der große Augenblick für Petrus. Nun lastete der schwerste Druck auf ihm. Er fürchtete sich. So spät in der Nacht war er wahrscheinlich hungrig, einsam, müde und voller Angst. Und so verleugnete er Jesus ein drittes Mal.

Hier wollen wir einen Moment lang unterbrechen. Sehen wir hier nicht genau die wesentlichen Kennzeichen der Sünde? Wir geraten in Zeiten und an Orte, wo wir unter Druck gesetzt werden. Wir sind hungrig, einsam, müde, furchtsam oder zornig und stehen vor der Entscheidung, ob wir einen Schritt auf Jesus zugehen oder uns von ihm entfernen wollen. In solchen Stresszeiten passiert es leicht, dass wir sagen: »Ich kenne Jesus nicht. Ich will nichts mit ihm zu tun haben. Nein, ich folge Jesus jetzt gerade nicht nach.« Dabei wäre es besser für uns, wenn wir zu Jesus laufen und dem Feind den Platz an unserem Tisch verweigern würden.

Als Petrus Jesus das dritte Mal verleugnet, kräht der Hahn. Petrus erkennt, was er getan hat. Er hat schwer gesündigt. Während des Abendmahls hatte er seine Liebe zu Jesus so sehr beteuert, aber als er im Hof des Kaiphas unter Druck geriet, ist er zusammengebrochen. Das weiß er. In der Bibel steht, er habe es bitter bereut und geweint. (Lukas 22,62) Die Geschichte geht weiter. Jesus stirbt, wie von ihm selbst angekündigt, am Kreuz. (Eine Randbemerkung: Sollten wir nicht dafür dankbar sein, dass Gott mit seinen Plänen fortfährt, selbst wenn wir Jesus verleugnen? Wenn wir untreu sind, ist Gott immer noch treu.) Petrus mag seine Mission verfehlt haben, Jesus aber nicht.

Jesus stirbt also und wird bestattet. Früh am Sonntagmorgen gehen zwei Frauen zum Grab und finden es leer vor. Sie eilen zurück und beschreiben den anderen Jüngern, was sie erlebt haben. Petrus läuft sofort zum Grab. Er sieht die Leinentücher, in die man Jesus eingewickelt hat, dort liegen und versucht eine Erklärung dafür zu finden. Schließlich erscheint Jesus den Jüngern mehrere Male, doch Petrus und er scheinen bei diesen ersten Begegnungen noch nicht viel miteinander gesprochen zu haben. Jedenfalls erfahren wir nichts davon. Dann spulen wir vorwärts zu der Begebenheit, die in Johannes 21 berichtet wird. Dort werden alle Karten offen auf den Tisch gelegt.

Das Ganze geschieht in Galiläa. Petrus und weitere sechs Jünger sind fischen gegangen. Allerdings haben sie die ganze Nacht über nichts gefangen. Dann erscheint Jesus. Manche Ausleger meinen übrigens, es sei nichts Ungewöhnliches gewesen, dass Petrus und die anderen Jünger ihren Beruf wieder aufnahmen. Schließlich mussten sie ihre Rechnungen bezahlen. Das Leben musste weitergehen. Ich dagegen sehe die Rückkehr zum Fischen als etwas Negatives an. Warum? Denken wir an das, was wir über den ursprünglichen Auftrag des Petrus drei Jahre zuvor wissen. »Kommt, folgt mir nach!«, hatte Jesus damals gesagt. »Ich will euch zu Menschenfischern machen«. (Matthäus 4,19) Mit anderen Worten: »Folgt mir, weil ich einen Plan und eine Bestimmung für euer Leben habe.« Aber nun ist Petrus zu seinem alten Job zurückgekehrt, zu seinem früheren Leben. Er hat seinen neuen Auftrag missachtet und fängt lieber Fische statt Menschen. Ich glaube, Petrus wusste, dass er die Identität des »Dreimal-Verleugners« wie einen scharlachroten Buchstaben auf seiner Brust trug, und er meinte, dass ein Dreimal-Verleugner keinen Platz innerhalb der Pläne und Ziele Jesu für die Menschen hat.

Ging es Ihnen schon einmal ähnlich? Vielleicht haben Sie Jesus verleugnet und schämen sich zutiefst. Oder Sie haben Jesus ignoriert, ihn übersehen oder vergessen und sind in Ihr altes Leben zurückgekehrt. Sie haben gesündigt und dem Feind einen Platz an Ihrem Tisch gegeben. Darum verstecken

Sie sich jetzt vor Gott. Wenn so etwas geschieht, gehen wir am liebsten zu einem Ort, den wir gut kennen, auch wenn dieser Ort nicht zu der Berufung gehört, die Jesus unserem Leben gegeben hat. Wir kehren zu dem Ort zurück, der uns vertraut ist, den wir nur allzu gut kennen. Es ist ein Ort, der für uns leicht zu erreichen ist, uns aber selten guttut. Es mag dort nicht unbedingt zu großen Ausschweifungen und schweren Sünden kommen, aber es genügt schon, wenn wir meinen, unser Leben dort ohne Gott bewältigen zu können – was vielleicht die schwerste Sünde von allen ist.

Wenn wir erst einmal an einem solchen Ort angekommen sind, fällt es uns schwer zu glauben, dass wir jemals wieder heil werden können.

WIEDERHERGESTELLT

Doch zurück zur Geschichte von Petrus. Bei Tagesanbruch steht Jesus am Ufer. Er spricht die Jünger im Boot in vertrautem Ton an und fragt sie, ob sie etwas gefangen haben. (Johannes 21,4-5) Jesus kennt die Antwort bereits. Im Deutschen entgeht uns hier eine feine Nuance. Als Jesus die Jünger im Boot anspricht, geht seine Frage von einer negativen Antwort aus. Wenn wir das wörtlich übersetzen wollten, dann würde Jesus ungefähr Folgendes sagen: »Hallo Leute, habt ihr was gefangen? *Nein, ich sehe schon, das habt ihr nicht.*« Umgangssprachlich ausgedrückt würde Jesus vielleicht fragen: »Was hat euch das gebracht?« Mit anderen Worten: Ihr wart die ganze Nacht draußen, eine lange Nacht ohne Ergebnis. *Was hat euch das gebracht?* Ihr habt euren ursprünglichen Auftrag vergessen. *Was hat euch das gebracht?* Ihr seid an einen wohlbekannten, bequemen Ort zurückgekehrt, aber ich halte so viel mehr für euch bereit als diesen wohlbekannten, bequemen Ort. *Was hat euch das gebracht?*

Und darum ist der nächste Ratschlag, den Jesus ihnen gibt,

so wirksam. Er fordert die Jünger auf, ihre Netze auf der anderen Seite des Bootes auszuwerfen. Haben sie das nicht schon probiert? Sie waren die ganze Nacht draußen auf dem See. Sie sind erfahrene Fischer. Natürlich haben sie ihre Netze erst vorne am Boot ausgeworfen, dann hinten, dann rechts, dann links. Sie haben alles ausprobiert. Worin besteht der Unterschied, wenn Jesus sie auffordert, ihre Netze auf der anderen Seite des Bootes auszuwerfen?

Es ist deswegen anders, weil *Jesus* hinter dieser Aufforderung steht. Petrus und die anderen Jünger bekommen die Chance, der Stimme von Jesus zu folgen. Es ist, als würde Jesus zu ihnen und vor allem zu Petrus sagen: »Folgt mir. Selbst jetzt. Selbst hier. Selbst wenn ihr in euren alten Lebensstil zurückgekehrt seid.« In Jesaja 30,21 hören wir einen ähnlichen Ruf: »Und kommt ihr vom richtigen Weg ab, so hört ihr hinter euch eine Stimme: ›Halt, dies ist der Weg, den ihr einschlagen sollt!‹« Es ist die Stimme Gottes. Hören wir sie?

Glücklicherweise folgen Petrus und die anderen Jünger der Stimme von Jesus und sofort füllen sich ihre Netze. Sie befinden sich etwa hundert Meter vom Ufer entfernt. Petrus ist so aufgeregt, dass er ins Wasser springt und an Land schwimmt, um zu sehen, ob es wirklich Jesus ist. Die anderen Jünger folgen im Boot und schleppen die schweren Netze hinter sich her. Als sie am Ufer ankommen, finden sie dort ein brennendes Kohlenfeuer und frisches Brot vor. Jesus begrüßt seine Jünger und lädt sie ein, mit ihm zu frühstücken – von dem Fisch, den sie gerade gefangen haben. Mir gefällt, wie Jesus seine Jünger hier einlädt, auch Petrus. Er ist nicht gekommen, um Petrus zur Rede zu stellen. Er lädt ihn einfach zu einem Frühstück am Ufer ein.

Wie geht Jesus mit uns um, wenn wir Schuld auf uns geladen, wenn wir gesündigt haben? Die Art, wie er auf Petrus reagiert, kann auch für uns heute zum Schlüssel werden. Petrus hatte Jesus verleugnet in einer Zeit, in der Jesus in großer Not war. Jesus hätte also allen Grund gehabt, ihm Vorhaltungen zu machen. Ihn auf seine Schuld festzulegen. Niemand wäre überrascht gewesen, wenn Jesus zum Beispiel gesagt hätte: »Hey, Petrus, ich habe gehört, dass du mich dreimal verleugnet hast. Meinst du es wirklich ernst? Ich erwähne das ja nicht gern, aber ich habe es dir ja schon vorher gesagt. Warum hast du mich im kritischsten Moment meiner Mission im Stich gelassen? Tut dir das überhaupt leid? Du taugst zu nichts, Petrus. Du bist nutzlos. Ein Heuchler, Verschwinde von hier!« Nein, Jesus sagt nichts dergleichen zu Petrus und er sagt auch nichts dergleichen zu Ihnen oder zu mir. Er lädt Petrus einfach nur ein: »Komm, frühstücke mit mir«. (Johannes 21,12) Mit anderen Worten: »Komm zu mir. Ich wette, du hast Hunger. Hier ist frisch gebackenes Brot. Und hier gegrillter Fisch. Ich nehme an, du bist müde, frierst und bist nass geworden. Komm und wärme dich am Feuer. Setz dich eine Weile hin und trockne deine nassen Kleider.«

Was wird Jesus wohl zu Ihnen sagen, wenn er Sie zum Frühstück einlädt? Wie oft übernehmen wir die Stimme des Anklägers in unserem eigenen Leben. Natürlich müssen wir die Sünde beim Namen nennen, wir müssen erkennen, dass wir durch ein Verhalten, dass Gott missfällt, niemals das Beste erreichen, das Gott mit unserem Leben vorhat. Doch nachdem wir gesündigt haben, überhäufen wir uns selbst auch noch mit Worten der Anklage. Wir reden uns ein, dass wir erledigt seien. Nutzlos. Am Ende. Oder wir stellen uns vor, dass Jesus all das zu uns sagt. Dabei heißt es in Römer 8,1: »Wer nun mit Jesus Christus verbunden ist, wird von Gott nicht mehr verurteilt.« Jesus macht uns diesen Vers anschaulich in der Art, wie er mit Petrus umgeht. Und uns begegnet er mit derselben Güte.

Nach dem Essen hat Jesus noch mehr freundliche Worte für Petrus. Wir stellen uns vielleicht vor, wie Jesus und Petrus allein miteinander am Seeufer entlanggehen, um eine vertrauliche Unterhaltung führen zu können. Aber Johannes hat die Worte aufgeschrieben, also muss er wohl in Hörweite gewesen sein. Ich glaube, dass das Gespräch am Lagerfeuer stattfand, wo immer noch alle beisammen waren. Jesus stellt dieselbe Frage auf drei unterschiedliche Arten. Im Grunde genommen möchte er wissen: »Petrus, liebst du mich? Liebst du mich mehr, als du diese Boote und Netze und Fische liebst und all die Dinge, denen du dein Leben gewidmet hast und von denen ich dich wegrief?«

Nachdem Petrus seine Liebe zu Jesus bekräftigt hat, antwortet Jesus: »Sorge für meine Schafe«. (Johannes 21,17)

Genau hier tut Jesus mehr für Petrus – und für uns –, als wir uns vorstellen können. Jesus sagt Petrus, dass er *nicht* am Ende ist. Petrus wird der Fels sein, auf dem die Mission Gottes aufgebaut und weitergeführt wird. Jesus sagt Petrus, dass seine Identität nicht die des Verleugners ist. Er soll ein Glaubensheld sein und in der Kirche zu einer Legende werden. Tatsächlich wird Petrus nicht lange danach das Evangelium in der Kraft des Heiligen Geistes verkünden und dreitausend Menschen werden an jenem Tag gerettet werden. (Apostelgeschichte 2,14-42)

Natürlich hatte die Verleugnung Jesu durch Petrus Konsequenzen. Zwei Jahrtausende später denken wir immer noch über dieses Geschehen nach. Die Verleugnung von Petrus wurde nicht unter den Teppich gekehrt und nicht aus dem Gedächtnis der Menschheit gelöscht. Das Handeln von Petrus zog Folgen nach sich, so wie auch meine und Ihre Entscheidungen Folgen haben.

Jesus aber konzentrierte sich nie auf das Scheitern. Ihm ging es um Wiederherstellung. Die Gnade beseitigte die Schuld und Scham von Petrus. Seine Identität war nicht länger in seiner Verleugnung gefangen. Petrus hatte versagt, aber ein Versager war er deshalb nicht. Er war nicht unbrauchbar. Sein Leben war nicht mehr von der Schande geprägt. Die Gnade ließ ihn in einem neuen Licht erscheinen – als einen Freund und ein Familienmitglied des allmächtigen Gottes.

Und genau das bewirkt die Gnade auch bei Ihnen und bei mir.

STRAHLEND VOR FREUDE

Wenn wir die Folgen von Schuld und Scham zu spüren bekommen, kann es leicht passieren, dass wir lange Zeit in diesem Sumpf herumwaten, vielleicht sogar unser Leben lang. Wenn das der Fall ist, haben wir uns selbst zur »beschädigten Ware« deklariert. Es kann auch sein, dass etwas Schlimmes mit uns passiert und wir durch die Sünde anderer Menschen beeinträchtigt werden. Wir laufen herum mit dem Etikett »missbraucht«, »verletzt« oder »beschädigt«. Aber das ist nicht, wer wir *sind*. Jesus sagt: *Nein, das ist nicht deine Identität. Die Sünde wurde dir zugefügt oder sie ist etwas, das du selbst getan hast, aber sie ist nicht das, was du bist. Du bist Familie. Du bist die Tochter oder der Sohn des allmächtigen Gottes, ein Erbe des Königs über das ganze Universum. Das ist deine wahre Identität.*

Jesus sagt: »Du bist Familie. Du bist die Tochter, der Sohn des allmächtigen Gottes. Das ist deine wahre Identität.«

Wenn Jesus uns zum Frühstück am Strand einlädt, fragt er uns ganz einfach nur, ob wir ihn lieben. Wenn unsere Antwort Ja lautet, fährt er mit unserer Wiederherstellung fort. Er sagt: *Das ist wunderbar. Meine Gnade bedeckt deine Schuld. Meine Gnade verändert deine Scham. Ich möchte, dass du zu einer leitenden Persönlichkeit in meiner Kirche wirst. Ich möchte, dass du meine Schafe versorgst. Du sollst Teil meiner Mission werden. Ich möchte, dass du in meinem Namen Gott und deine Mitmenschen liebst. Du musst nicht für den Rest deines Lebens auf der hinteren Bank sitzen. Du musst nicht im Schatten leben. Du brauchst keine schützenden Mauern um dich her zu errichten. Du brauchst dich auch nicht vor den Menschen zu verstecken, die dich lieben und denen du wichtig bist. Sie helfen dabei, dich zu lieben und deine Integrität wiederherzustellen. Deine Berufung besteht darin, meinen Namen in der Welt bekannt zu machen, und hier möchte ich dich in der ersten Reihe dabeihaben. Du bist ein Mensch, den ich erwählt habe, um mit ihm die Pläne und Ziele Gottes voranzubringen. Du wirst kein Leben führen, dass von Schande und Schuld bestimmt ist. Dein Leben wird von mir bestimmt. Weil du mich liebst, wollen wir gemeinsam nicht Rückschritte, sondern Fortschritte machen.*

Das aber will der Feind am liebsten ins Gegenteil verkehren. Er will bei uns am Tisch sitzen bleiben und auf uns einreden. Wir sollen auf seine Stimme hören. Der Feind will, dass wir die Schlacht um unser Denken verlieren. Wir sollen unseren Blick vom Herrn abwenden. Doch Psalm 34,6 weist uns in eine andere Richtung: »Alle, die zu ihm [dem Herrn] aufschauen, werden strahlen vor Freude! Nie werden sie beschämt sein.« Sehen Sie sich selbst als jemanden, der »strahlt vor Freude«? Das ist ein starkes Bild und das Gegenteil von beschämt sein. Wenn wir den Herrn ansehen, werden wir strahlen. Unser Gesicht spiegelt das Licht und die Liebe Christi wider. Wir werden nicht beschämt sein.

Manchmal ist es schwer, sich selbst zu vergeben. Ich kann das gut verstehen. Aber unsere neue Identität entsteht nicht dadurch, dass wir uns selbst vom Haken lassen. Sie entsteht aus der Erkenntnis, dass Jesus uns vergibt. Jesus lässt uns vom Haken. Wir werden erneuert, wenn wir mit Jesus übereinstimmen. Er sagt, wir seien ein Sohn oder eine Tochter Gottes. Jesus sagt, uns sei vergeben. Stimmen wir ihm zu?

Wenn Jesus uns sagt, dass wir vorwärtsgehen können, dann können wir es!

Kapitel 9

Vom Berg überwältigt

Bei Sportveranstaltungen gibt es manchmal besondere Aktionen für die Fans der eigenen Mannschaft im Stadion: Unter denjenigen, die eine Eintrittskarte für die hintersten Ränge gekauft haben, werden einige wenige ausgelost und erhalten ein Upgrade für die erste Reihe. Dann sieht man auf dem Bildschirm, wie die Glücklichen jubeln, während ein Ordner sie von ihren billigen Plätzen abholt und nach vorne begleitet. Von den schäbigen hinteren Rängen in den VIP-Bereich. Jeder möchte am liebsten die besten Plätze haben.

Das führt uns zu dem erstaunlichsten Gedanken aus Psalm 23, den wir bereits angesprochen haben und den ich hier gerne vertiefen möchte. Tatsächlich ist dies der springende Punkt in diesem Buch. Warum bereitet Gott einen Tisch für uns *im Angesicht unserer Feinde?* Warum bekommen sie sozusagen als Zuschauer die besten Plätze?

Wäre es nicht sinnvoller, wenn der Tisch im Angesicht Gottes, in seiner Gegenwart, gedeckt wäre? Warum lässt Gott die Feinde nicht verschwinden? Warum ändert er die Situation nicht? Könnte er nicht den Krebs heilen? Uns den geliebten Menschen zurückgeben? Die Stimmen zum Schweigen bringen, die Lügen über uns verbreiten?

Um hierauf eine Antwort zu finden, sollten wir uns den

Tisch noch einmal in unserer Fantasie vorstellen. Wir sind zu einem Festmahl eingeladen. Der Tisch ist mit allem gedeckt, was uns schmeckt und sättigt. Dennoch sind wir nicht an der Größe der Erdbeeren interessiert oder an dem Steak, das perfekt gebraten ist, so wie wir es mögen. Wir haben erkannt, dass die Kraft, die von diesem Tisch ausgeht, nichts mit dem zu tun hat, was darauf ist, sondern mit dem, der dort sitzt. Wir haben gemeinsam mit dem König Platz genommen. Nicht mit irgendeinem mittelmäßigen irdischen Herrscher. Wir speisen mit dem König aller Zeiten. Mit dem Gott des Universums. Wir sitzen am selben Tisch mit der klügsten, freundlichsten, liebevollsten, kreativsten, freudevollsten und interessantesten Person des gesamten Kosmos.

Mitten in den Kämpfen, die toben. Er ist da. Der Gute Hirte steht uns zur Verfügung und ist für uns erreichbar. Er hat uns eingeladen, die Beziehung zu ihm so weit zu vertiefen, wie wir es wünschen. Wir sollten uns also klarmachen: Der König des Universums möchte mit uns allein Zeit verbringen.

Shelley und ich haben einen Goldendoodle namens London. Wer diese Hündin kennt, muss sie einfach lieben. Sie ist ein wunderbares Tier und bekommt in unserer Welt jede Menge Sendezeit. Ein richtig cooler Hund mit dem großen Talent, dass Menschen sich in seiner Nähe automatisch wohlfühlen. Außerdem ist sie sehr talentiert darin, sich Snacks zu ergattern. Immer wenn wir mit ihr spazieren gehen, bleiben wildfremde Leute auf der Straße stehen, um sie anzusprechen und zu streicheln. Uns begrüßen sie nicht. Sie wollen nur etwas über unseren Hund wissen.

Londons Name hat für uns eine besondere Bedeutung, denn sie ist nach der Stadt benannt, die Shelley und ich sehr mögen. 1988 sind wir das erste Mal nach London gereist und im Lauf der Jahre viele weitere Male dort gewesen – manchmal für Missionsprojekte mit College-Studenten, manchmal zu Veranstaltungen und manchmal einfach nur, um die Stadt zu erkunden. Wir haben überall in London Freunde, und so konnten wir die Stadt auch aus dem Blickwinkel ihrer Einwohner betrachten. Wir haben in den Abbey Road Studios Musik aufgenommen. Ich durfte im Parlament einen Blick hinter die Kulissen werfen. Wir hielten »Passion«-Konferenzen im Eventim Apollo und in der Wembley Arena ab.

Weil Shelley und ich so viel Zeit in London verbracht haben, würde ich sagen, dass wir die Stadt ziemlich gut kennen. Denn wir haben sie im Lauf der Jahre stückchenweise und scheibchenweise in uns aufgenommen und wissen, wie sie aussieht und schmeckt. Wir haben nicht alles ausgeschöpft, was man über diese Metropole wissen kann – nicht einmal annähernd. Und dennoch: Wenn Sie uns fragen würden, ob wir London kennen, würden wir Ja sagen. Wir wissen nicht nur Fakten über diese Stadt. Wir sind tief in sie eingetaucht. Wir haben sie erkundet und erforscht. Wir haben sie erprobt, studiert, gesucht und gefunden.

Ist uns eigentlich klar, dass wir auch Gott, den Allmächtigen, auf diese Weise kennenlernen können?

Die Einladung, die er uns gegenüber ausspricht, ist einfach umwerfend. Es ist aber keine Einladung, durch die wir noch mehr Fakten über den allmächtigen Gott erfahren. Shelley und ich hätten ungeheuer vieles über die Stadt London herausfinden können, indem wir Bücher lasen und miteinander redeten. Aber das ist etwas ganz anderes, als persönlich dort zu sein.

Da ist ein Gott von unendlicher Größe, der uns eingeladen hat, ihn aus der Nähe, ganz innig und in seinem ganzen Reichtum kennenzulernen. Die Einladung besteht darin, dass wir uns zu ihm setzen. Ihn selbst erleben. In seiner Gegenwart sind. Wenn uns die ungeheure Dimension klar wird, die diese Chance uns eröffnet, erkennen wir, dass es in unserem Leben nichts Wertvolleres und Lohnenderes gibt, als uns ganz und gar diesem Kennenlernen Gottes zu widmen.

Das ist deshalb so wichtig, weil es eine der stärksten Maßnahmen ist, mit der wir verhindern, dass der Feind an unserem Tisch Platz nimmt: wenn wir vollkommen fasziniert sind von unserem Gastgeber, der mit uns am Tisch sitzt! Natürlich wissen wir, dass der Feind weiterhin dort draußen ist. Er schleicht herum wie ein alter brüllender Löwe, der jemanden sucht, den er verschlingen kann. Trotzdem ist unser Blick wie gebannt auf den Gott der Herrlichkeit gerichtet. Wir sind fasziniert von seinem Wesen und all dem Guten, das er für uns bereithält. Wir gewinnen die Schlacht um unser Denken, indem wir uns fest auf Jesus konzentrieren.

Wir gewinnen die Schlacht um unser Denken, indem wir uns fest auf Jesus konzentrieren.

SPRACHLOS ANGESICHTS DER SCHÖNHEIT

Um Gott wahrhaftig kennenzulernen, müssen wir lernen, bei ihm zu bleiben.

Mein Schwiegervater ist einer der wichtigsten Menschen in meinem Leben. Er ist eine legendäre Persönlichkeit für mich und für alle, die ihn kennen, aber er ist auch immer mit hoher Geschwindigkeit unterwegs. Als Shelley und ich uns kennenlernten, gingen wir manchmal mit ihren Eltern ins Restaurant. Das Essen kam und wir fingen an, uns zu unterhalten. Während ich selbst noch mitten in der Mahlzeit war, warf ich einen Blick auf den Teller von Shelleys Vater, aber dieser war immer leer. Ich dachte: *Vor fünfundvierzig Sekunden war das Essen noch auf dem Teller.* Ich nahm mir vor, wenigstens ein einziges Mal vor ihm fertig zu sein. Sobald meine Bestellung aufgetragen wurde, beendete ich jedes Gespräch und aß, so schnell ich konnte. Aber wenn ich aufsah, war Shelleys Vater jedes Mal schon fertig!

Allmählich lernte ich, mich seinem Tempo anzupassen. Als Shelley und ich bereits verheiratet waren, unternahmen wir gemeinsam mit ihren Eltern eine Reise in den Nordwesten Kanadas. Schließlich erreichten wir Vancouver Island, wo wir nördlich der Hauptstadt Victoria die *Butchart Gardens* besuchten, die von vielen für eines der Weltwunder gehalten werden. Ich hatte mich auf einen ganztägigen Besuch eingestellt, um all die Wunder in mich aufnehmen zu können, aber auch hier war Shelleys Vater mit hoher Geschwindigkeit unterwegs.

Raten Sie einmal, wie viel Zeit wir dort verbrachten. Einen Tag? Einen halben? Nein, es waren ganze siebenundzwanzig Minuten, wobei acht davon dem Besorgen von Eiscreme gewidmet waren. Shelleys Vater hatte eine Videokamera dabei und filmte die ganze Zeit, während wir durch die Gärten eilten.

Sobald wir alle unser Eis hatten, fragte er: »Na, Leute, seid ihr fertig? Wir wollen los.«

»Nein«, protestierten wir, »wir sind doch gerade erst angekommen. Wir wollen diesen wunderbaren Ort genießen.«

»Aber wir haben doch alles auf Video«, meinte mein Schwiegervater. »Wenn wir nach Hause kommen, können wir uns die Butchart Gardens im Fernsehen anschauen!«

Wir hatten es viel zu eilig, um länger dort zu verweilen.

Beim allmächtigen Gott zu verweilen ist jedoch die beste Verteidigung gegen den Feind, der einen Platz an unserem Tisch ergattern will. Wir hören auf, den Feind anzuschauen, und fangen an, Gott anzuschauen. Sicherlich kann eine Strategie darin bestehen, die Taktik des Feindes zu kennen, damit wir lernen, ihn von unserem Tisch fernzuhalten. Aber die noch bessere Strategie ist es, von der Defensive in die Offensive zu wechseln, vom Negativen zum Positiven. Wenn wir uns von ganzem Herzen auf den Herrn ausrichten und sein Angesicht suchen (Psalm 27,8), geschieht Großes. Ja, Wunderbares strömt in unser Leben hinein, wenn wir das Verlangen nähren zu schmecken und zu sehen, wie gut der Herr ist. (Psalm 34,9)

C. S. Lewis schrieb, so viele Leute konzentrierten sich darauf, ihre Wünsche nach weltlichen Dingen zu dämpfen, dabei »scheint es, als müssten unsere Wünsche dem Herrn eher zu schwach als zu groß vorkommen. Wir sind halbherzige Geschöpfe, die sich mit Alkohol, Sex und Karriere zufriedengeben, wo uns unendliche Freude angeboten wird – wie ein unwissendes Kind, das weiter im Elendsviertel seine Schlammkuchen backen will, weil es sich nicht vorstellen kann, was eine Einladung zu Ferien an der See bedeutet. Wir geben uns viel zu schnell zufrieden.«[8]

Während meiner College-Jahre empfing ich selbst eine riesige Dosis dieser außergewöhnlichen Einladung, den Allmächtigen kennenzulernen. Gemeinsam mit einem Freund unternahm ich eine sechswöchige Camping-Tour durch unsere Nationalparks. Ich freute mich besonders auf den majestätischen Mount Rainier in der Kaskadenkette in der Nähe von Seattle im US-Bundesstaat Washington. Während meines Studiums an der Georgia State University hatte ich mich in einem Geografie-Seminar mit diesem gletscherbedeckten Vulkan beschäftigt. Ich hatte die damit verbundene Prüfung sogar mit einer Eins bestanden. Ich wusste also so ziemlich alles über diesen Berg.

Das dachte ich jedenfalls.

Mein Freund und ich fuhren bis zum höchstmöglichen Punkt den Berg hinauf. Wir befanden uns 1.500 Meter über dem Meeresspiegel. Ich hatte mir vorgenommen, meinem Freund praktisch alles zu erzählen, was ich in dem Geografie-Seminar über den Berg gelernt hatte. Doch als wir ausstiegen und uns umsahen, wurde ich plötzlich von meinen Gefühlen überwältigt und brach in Tränen aus. Ich brachte kein Wort mehr heraus. Der Berg war einfach zu riesig. Zu wunderbar. Zu genial. Ich war völlig hingerissen. Sprachlos angesichts seiner Schönheit.

Am nächsten Abend campten wir in Coos Bay im Bundesstaat Oregon. In der Nacht lag ich wach und starrte an die Zeltdecke. Ich sprach mit Gott und fragte ihn, was meine Reaktion dort am Mount Rainier zu bedeuten hatte. Gott sprach direkt in mein Herz hinein. *Louie, du hast gestern etwas sehr Wichtiges gelernt, nämlich worin der Unterschied besteht, ob man sehr viel über etwas weiß oder ob man es wirklich aus der Nähe erlebt. Du kamst an den Berg mit einer Menge Informationen darüber. Aber gestern hast du ein Stück weit erlebt, was Offenbarung bedeutet.*

In jener Nacht im Zelt machte Gott mir deutlich, dass ich im Leben eine Entscheidung zu treffen hatte: Ich würde entweder jemand sein, der etwas über Gott wusste, oder jemand, der die Einladung annahm, Gott wirklich kennenzulernen. Ich besaß viel Wissen über Gott, aber mein Erlebnis auf dem Mount Rainier veränderte alles. Ich musste mehr haben als bloße Informationen; es war nötig, dass ich Gott zutiefst und ganz persönlich kennenlernte.

Diese Einladung gilt auch Ihnen.

GOTT SELBST KENNENLERNEN

Wie aber geschieht das? Wie lernen wir Gott, den Allmächtigen, kennen? Wir kommen zu ihm durch das Wort Gottes und durch die Person von Jesus Christus, der sagte: »Wer mich gesehen hat, der hat auch den Vater gesehen«. (Johannes 14,9) Wir kommen zu ihm mit der Hilfe des Heiligen Geistes, der uns in alle Wahrheit führt. (Johannes 16,13) Wir lernen Gott kennen, indem wir seine Eigenschaften entdecken. A. W. Tozer schrieb einmal, eine Eigenschaft Gottes sei »das, was Gott auf irgendeine Weise über sich selbst als Wahrheit geoffenbart hat«.[9]

Die Eigenschaften Gottes können wir nie erschöpfend behandeln, weil Gott unendlich ist. Ein einfaches Beispiel: Gott ist Liebe. Diese Tatsache spiegelt sich überall in der Bibel wider, besonders im 1. Johannesbrief. Gott ist nicht irgendeine nebulöse Energie im Kosmos. Er ist eine Person und das bedeutet, dass er einen klaren Willen und ein breites Spektrum an Emotionen besitzt. Doch was seinen Willen und seine Emotionen bestimmt, ist Liebe. »Denn Gott hat die Menschen so sehr geliebt, dass er seinen einzigen Sohn für sie hergab«. (Johannes 3,16) »Gott aber beweist uns seine große Liebe gerade dadurch, dass Christus für uns starb, als wir noch Sünder waren«. (Römer 5,8) Wenn wir uns die Liebe Gottes anschauen, uns intensiv mit ihr beschäftigen und über sie nachdenken, stellen wir fest, dass die Liebe zu den ganz besonderen Eigenschaften Gottes gehört. Wir sehen, dass sein Herz aus Liebe besteht. Wir sehen, dass die Liebe zu den Menschen eine seiner stärksten Motivationen ist. Wenn wir Gott als einen Gott der Liebe sehen, beginnen wir ihn wirklich zu verstehen.

Nehmen wir ein Beispiel: Wenn ich Sie fragen würde, ob Sie Fußball kennen, werden Sie wahrscheinlich Ja sagen, ganz egal wo auf der Welt Sie leben. Jeder kennt Fußball. Das ist klar. Aber was wäre, wenn ich Sie fragen würde, wie viele Spieler sich während eines Matchs auf dem Platz befinden? Hier wäre die Gruppe derer, die eine Antwort kennen, vielleicht etwas kleiner. Dennoch wissen immer noch sehr viele Menschen auf der Welt, dass es elf Spieler pro Mannschaft sind. Aber was wäre, wenn ich Sie nach dem Namen eines bestimmten Profi-Fußballvereins oder dem Ausgang konkreter Spiele fragen würde? Nun wäre die Gruppe derer, die hier die Antwort kennen, sicherlich deutlich kleiner. Mit jeder Frage wird die Anzahl der Menschen, die eine korrekte Antwort geben können, geringer.

Wissen wir also tatsächlich alle so gut über Fußball Bescheid?

Klar wissen wir alle, was Fußball ist, aber es ist ein Unterschied, ob wir diesen Sport wirklich *kennen*. Manche Leute schauen sich hin und wieder ein Match im Fernsehen an. Andere wiederum haben jedes Heimspiel ihrer Lieblingsmannschaft gesehen, sind zu jedem Auswärtsspiel gereist und kennen den Namen und die Trikotnummer jedes Spielers. Es gibt so viele Arten des Wissens.

Das Beispiel vom Fußball eignet sich nicht so sehr für einen Vergleich mit Gott, denn Gott ist Geist und er ist eine Person. Gott kennenzulernen ist etwas anderes, als einen Rasenmäher auseinanderzunehmen. Nehmen wir also lieber einen zwischenmenschlichen Vergleich. Denken wir einmal darüber nach, auf wie vielen Ebenen wir eine andere Person kennenlernen können. Wenn wir ein Paar fragen, das sich vor zwei Tagen kennengelernt hat, was sie voneinander wissen und aneinander schätzen, würde die Frau vielleicht sagen: »Na ja, er ist groß. Und er ist nett. Und außerdem lustig.« Das alles stimmt und es ist real, aber es ist sicherlich nicht alles, was man über einen Menschen wissen kann.

Wenn wir jedoch ein Ehepaar fragen, das seit zwanzig Jahren glücklich verheiratet ist, was die beiden voneinander wissen und aneinander schätzen, hören wir etwas ganz anderes. Es folgt eine lange Liste. Die Frau würde vielleicht sagen: »Nun ja, er geht so lieb mit unseren Kindern um; er sieht glücklich und zufrieden aus, wenn er vom Sport nach Hause kommt; er ist geduldig mit unserer Verwandtschaft und freundlich zu allen Leuten, die er trifft; er ist schlagfertig, er kann auch meine schwierigen Emotionen auffangen; er sorgt gut für unsere Familie; er stürmt nicht aus der Tür, wenn wir einen Konflikt haben; wir können gemeinsam über unseren Glauben sprechen. Ich liebe diesen Menschen, nicht weil ich seinen Lebenslauf gelesen habe oder eine 4-Sekunden-Zusammenfassung seines Charakters geben kann, sondern weil ich in den letzten zwanzig Jahren jeden Tag eng mit ihm zusammen war. Ich kenne seine Charakterzüge. Seine Gewohnheiten. Seine Art. Seine Gedanken. Sein Handeln. Ich weiß, was ihm wichtig ist. Ich kenne sein Herz.«

Gott lädt uns ein, uns nicht mit oberflächlichem Wissen über ihn zufriedenzugeben. Wir sollen ihn tief und persönlich kennenlernen und seine Gnade, Liebe, Barmherzigkeit, Größe, Reinheit, Heiligkeit und Allmacht erforschen. Wir können erfahren, wie er uns hilft. Wie wichtig wir ihm sind. Wie er für uns sorgt. Uns nie im Stich lässt. Wie er alles so leitet, dass es gut für uns ist. Wir erkennen, dass er voller Weisheit ist, reich an Rat. Wie er sich nie verändert. Wie er immer und überall gegenwärtig ist und dennoch uns ganz persönlich liebt. Wir erleben, dass er voller Gerechtigkeit ist. Freundlich. Gnädig. Unendlich schön, mächtig und herrlich.

Gott möchte, dass wir ihn kennen, und wir werden ihn so gut kennenlernen, wie wir es uns ersehnen und wünschen.

KLEINE EINBLICKE IN GOTTES WESEN

Wir wollen uns nun zwei Eigenschaften Gottes genauer ansehen. Sie sagen nicht alles über ihn aus, aber sie sollen in uns den Appetit wecken, ihn noch besser kennenzulernen. Und wenn wir unseren Guten Hirten auf diese Art und Weise kennen, werden wir dem Feind nicht so leicht einen Platz an unserem Tisch geben.

> Gott möchte, dass wir ihn kennen. Und wir dürfen ihn so gut kennenlernen, wie wir es uns ersehnen.

Erstens ist Gott *heilig* und zweitens ist er *herrlich*. Diese beiden Eigenschaften gehören eng zusammen bei allem, was wir über Gott wissen. In der Bibel werden sie häufig gemeinsam erwähnt und auch in der Person von Jesus Christus liegen sie nahe beieinander.

Gott ist also *heilig*. Was bedeutet das, warum sollte es uns wichtig sein und warum sollten wir mehr über die Heiligkeit Gottes wissen? Gott ist außerdem *herrlich*. Hier stellen sich dieselben Fragen. Gottes Herrlichkeit zeigt sich durch das ganze Universum hindurch, aber wie wirkt es sich bei Ihnen und mir aus, wenn wir mehr über seine Herrlichkeit wissen?

Hierfür wollen wir Jesaja 6 als Ausgangspunkt nehmen, einen Text, den wir schon im vorangegangenen Kapitel betrachtet haben. Dort lasen wir, wie der Prophet eine Vision von Gott hatte und darauf reagierte, indem er seine menschliche Schwachheit bekannte und Gottes Gnade empfing. Jesajas Schuld wurde durch die glühende Kohle weggenommen. Nun wollen wir uns noch einmal in diesen Text vertiefen, denn es gibt manches darin, was wir noch nicht angesprochen haben. Zum Beispiel, dass Gott Jesaja nicht nur etwas über sich offenbarte, sondern ihn *tief in sich hineinblicken* ließ. In dem Text wird gezeigt, wie Gott auf einem wunderbaren Thron sitzt. Er ist hoch und erhaben und der Saum seines Gewandes füllt den ganzen Tempel. Engel mit sechs Flügeln, Serafim genannt, fliegen über ihm und bedecken währenddessen mit je zwei Flügeln ihre Gesichter und Füße. Sie rufen: »Heilig, heilig, heilig ist der Herr, der allmächtige Gott! Seine Herrlichkeit erfüllt die ganze Welt«. (Jesaja 6,3)

Dieser Text gibt uns einen ganz persönlichen Einblick in Gottes Wesen. Ähnliches sehen wir in der Offenbarung des Johannes und im Buch Hesekiel. Wir dürfen einen kleinen Blick in den Himmel werfen, wo all diese wunderbaren geistlichen Wesen, die Engel, von Gott einfach überwältigt sind. Ihre Ehrfurcht ist so groß, dass sie ihn gar nicht anzuschauen wagen. Als Zeichen ihrer Ehrerbietung bedecken sie ihre Füße. Und welche Eigenschaft Gottes rufen diese Engel aus? Sie rufen nicht: »Stark, stark, stark.« Auch nicht: »Treu, treu, treu« oder: »Überirdisch, überirdisch, überirdisch« oder: »Unveränderlich, unveränderlich, unveränderlich«. Obwohl Gott all dies und noch viel mehr ist, richten die Engel ihren Blick fast wie einen Laserstrahl nur auf eine Sache. Sie stolpern nicht über Begriffe. Sie debattieren nicht über theologische Konzepte. Sie suchen nicht in ihrer Bibelsoftware nach einem inspirierenden Zitat. Nein, sie richten ihre Aufmerksamkeit ganz auf die Heiligkeit Gottes und rufen: »Heilig, heilig, heilig.«

Was ist Heiligkeit? Die Engel lenken unseren Blick auf die Vollkommenheit Gottes, seine Reinheit und Sündlosigkeit. Doch auch diese drei Begriffe vermitteln nicht in vollem Umfang das, was Heiligkeit bedeutet. Das Wort *heilig* geht auf das hebräische Wort *qadosch* zurück und beinhaltet zwei eng verbundene Konzepte: »geweiht« und »abgesondert«.[10] Das rufen die Engel im Grunde genommen: »Du bist geweiht und du bist abgesondert. Du bist geweiht und du bist abgesondert. Du bist geweiht und du bist abgesondert.«

Mit »abgesondert« ist gemeint, dass Gott in einer ganz eigenen Liga spielt. Er befindet sich auf seinem Spielfeld. Nichts und niemand ist wie er. Wenn wir im Lichte dessen also sagen: »Ich möchte, dass Gott in meinem Herz den ersten Platz hat«, dann haben wir vollkommen recht. Gott kann nicht auf den zweiten, dritten oder vierten Platz verwiesen werden. Ob wir das anerkennen oder nicht: Er steht immer an erster Stelle, er führt die Tabelle an, er ist der Sieger und in dieser Position einzigartig. Er liefert sich mit niemandem ein Rennen und besiegt nicht irgendeinen anderen Top-Profisportler nur ganz knapp. Nein, kein anderer außer ihm befindet sich in diesem Rennen. Gott ist heilig, geweiht und abgesondert. In 2. Mose 15, wo der erste Lobgesang nach der Befreiung der Israeliten aus Ägypten zu finden ist, lesen wir in Vers 11: »Herr, wer unter allen Göttern ist dir gleich? Wer ist wie du, herrlich und heilig? Wer vollbringt so große, furchterregende Taten? Wer tut Wunder – so wie du?« Das ist unser Gott!

Was aber hat es mit Gottes Herrlichkeit auf sich? Herrlichkeit hat in unseren Augen etwas mit Ruhm zu tun, mit einer berühmten Stadt zum Beispiel oder mit jemandem, der es auf die Titelseite einer Zeitschrift geschafft hat. Aber das ist nur ein oberflächliches Lob. Gottes Herrlichkeit ist ganz anders. Sie ist nicht vergänglich. Sie wird nicht in Schlagzeilen gemessen. Das hebräische Wort für Herrlichkeit ist *kabod*, welches wiederum zwei Konzepte in sich vereinigt: »Gewicht« und »Wert«.[11] Gott ist unermesslich in seiner Substanz, seiner Gewichtigkeit, seinem Wert. Er ist von unschätzbarer Größe und Kostbarkeit. Das ist seine Herrlichkeit.

Wenn im Hebräischen ein Wort oder eine Steigerungsform wiederholt wird, entsteht dadurch eine doppelte Betonung. Doch nur sehr selten wird in der Bibel ein Wort oder ein Superlativ zweimal wiederholt. Jesaja 6 wäre also folgendermaßen zu verstehen: »Gott, du bist geweiht und abgesondert. Du bist von unermesslicher Bedeutung und unermesslichem Wert. Das wiederholen wir noch einmal und noch einmal. Gott, du bist nicht nur *heilig* …«

»Du bist *heilig, heilig, heilig!*«

Nun haben Sie die Wahl, ob Sie Gott besser kennenlernen wollen. Dank Jesus gibt es hier keine Begrenzung mehr. So ist es nicht immer gewesen. Im Alten Testament gab es sehr wohl Grenzen. Die Menschen mussten ihren Blick im Glauben nach vorne richten und darauf vertrauen, dass die Schranken, die durch die Sünde zwischen ihnen und Gott errichtet worden waren, eines Tages durch das Werk eines Retters durchbrochen würden.

Jesus hat uns einen Weg in die Gegenwart Gottes gebahnt. Wir dürfen Gott ohne Grenzen kennenlernen. Paulus beschreibt dies in 2. Korinther 3. Die Grundlage des Dienstes für Gott war früher in steinerne Gesetzestafeln gemeißelt, nun aber ist sie in unsere Herzen geschrieben. »Weil wir diese Hoffnung haben«, so fährt Paulus fort, »können wir voller Zuversicht vor die Menschen treten. Und wir brauchen auch nicht unser Gesicht mit einem Tuch zu verhüllen, wie Mose es getan hat, damit die Israeliten nicht sahen, wie der Glanz Gottes auf seinem Gesicht wieder erlosch«. (Vers 12-13) Die Folge ist, dass wir alle mit unverhülltem Gesicht die Herrlichkeit des Herrn sehen dürfen und von ihm verändert werden, sodass wir ihm immer ähnlicher sind. Das Kreuz und der Geist Gottes haben uns Freiheit gebracht. Und worin besteht diese Freiheit? Darin, dass wir kühn in seine Gegenwart treten dürfen. Wir dürfen so hoch, wie wir wollen, auf den Berg Gottes steigen.

Das hat Christus für uns getan. Als die Engel seine Geburt ankündigten, riefen sie: »Ehre sei Gott im Himmel«. (Lukas 2,14) In Christus ist der zur Welt gekommen, der die höchste Bedeutung und den größten Wert besitzt. Das ist für uns heute eine überwältigende Nachricht. Jesus hat den Weg eröffnet, damit wir in die Gegenwart des Gottes treten dürfen, der »heilig, heilig, heilig« ist. Als Jesus starb, »zerriss im Tempel der Vorhang vor dem Allerheiligsten von oben bis unten«. (Matthäus 27,51) Dank Jesus muss die Trennung zwischen Gott und dem

Menschen nicht mehr vorhanden sein. Wir haben Zugang zum Vater. In Hebräer 10,19-20 wird dies klar zum Ausdruck gebracht: »Und so, liebe Brüder und Schwestern, können wir jetzt durch das Blut, das Jesus Christus am Kreuz für uns vergossen hat, frei und ungehindert ins Allerheiligste eintreten. Christus hat den Tod auf sich genommen und damit den Vorhang niedergerissen, der uns von Gott trennte. Durch seinen geopferten Leib hat er uns einen neuen Weg gebahnt, der zum Leben führt.«

Gott lädt uns ein, den Berg zu ihm hinaufzuklettern bis ganz oben, und doch passiert es so leicht, dass wir unten stehen bleiben und kaum eine Ahnung von ihm haben. Unsere Einladung lautet jedoch, höher zu steigen bis ganz nach oben. Wenn wir den Berg erklimmen, werden wir feststellen, dass Gott von unendlicher Kraft ist. Von unendlicher Liebe. Unendlicher Schönheit. Unendlicher Majestät. Der Kirchenvater Augustinus schreibt: »Geschaffen hast du uns im Hinblick auf dich, und unruhig ist unser Herz, bis es ruhet in dir.«[12]

Wenn wir unseren Blick auf den allmächtigen Gott richten, werden wir ihm ähnlich, von dem unsere Seele fasziniert ist.

Sie wollen also wissen, wie Sie den Feind von Ihrem Tisch fernhalten können? Wandern Sie den Berg Gottes hinauf. Spüren Sie etwas vom Gewicht und vom Wert Seiner Majestät. Während dieses Prozesses werden Sie verändert. Die Bibel sagt uns ganz klar, dass wir zu dem werden, was wir anbeten. (Psalm 115,8) Wenn wir unseren Blick auf den allmächtigen Gott richten, verändern wir uns und werden ihm ähnlich, von dem unsere Seele fasziniert ist. Und dann spiegelt sich in uns seine Herrlichkeit.

STRAHLEND VOR FREUDE TROTZ ALLER KÄMPFE

Erinnern Sie sich noch an Psalm 34,6: »Alle, die zu ihm [dem Herrn] aufschauen, werden strahlen vor Freude«? Wenn wir unseren Blick auf Jesus richten, ändert sich unser Gesichtsausdruck. Im wörtlichen Sinne. Die Hoffnung beginnt durch unsere Augen hindurchzuleuchten. Ein Lächeln erscheint, wo vorher ein niedergeschlagener Blick war. Können Sie es vor sich sehen? Wie Sie gemeinsam mit Ihrem König mitten im Konflikt sitzen. Ihre Feinde haben Plätze in der ersten Reihe bekommen. Gott hat sie von den hinteren Rängen geholt und auf die VIP-Sitze gesetzt. Und was sehen sie da? Sehen sie, wie Sie unter dem Druck den Kopf hängen lassen oder wütend zurückstarren? Nein, sie sehen, wie Sie vor Freude strahlen, weil Sie Ihrer Majestät ins Gesicht blicken.

Was für eine Szene! Das führt uns zum Kern der Frage – *Warum steht der Tisch mitten unter den Feinden?* Weil es in unserer Geschichte um die Größe unseres Gottes geht. Wir haben das Vorrecht, vom Guten Hirten geführt zu werden. Jesus gebührt aller Ruhm, weil er der größte Hirte aller Zeiten ist.

Gottes Ehre ist wichtiger als alles andere. Wenn die Menschen nicht wissen, wie groß, gnädig und gut er ist, wer kann es ihnen dann verdenken, dass sie sich für etwas weniger Wertvolles entscheiden? Wie sollen sie wissen, dass er besser ist als alles andere, wenn sie das nicht an uns sehen können? Ich muss an die einundzwanzig Märtyrer denken, die vor ein paar Jahren am Mittelmeerufer Libyens kniend hingerichtet wurden, nur weil sie Christen waren.[13] Die Entführer löschten ihr Leben skrupellos aus. Die Ewigkeit wird vielleicht aber zeigen, welchen Eindruck ihr strahlendes Zeugnis hinterließ, als sie Gott den Allmächtigen angesichts ihres nahenden Todes anbeteten. Bestimmt haben sich ihre Entführer verwundert gefragt: *Was sind das für Menschen, die vom Himmel singen, während sich ihnen die Messerklinge nähert?*

Der Tisch steht »im Angesicht der Feinde«, weil Gott uns wissen lassen will, dass wir immer genug haben werden in jedem Augenblick, in jedem Kampf. Er wird uns in jeder dunklen Nacht beistehen. Und er will, dass die Feinde sehen, wie wir strahlen. Warum? Weil sie dann irgendwann aufhören, uns anzustarren und ihre Aufmerksamkeit dem Einen zuwenden, der die Fähigkeit hat, uns zum Strahlen zu bringen. (Römer 14,11; Philipper 2,10-11)

Und zuletzt steht der Tisch im Angesicht unserer Feinde, damit sie unser Lied hören können. Wenn unser Blick auf Jesus gerichtet bleibt, wird unser Lob nie enden. Und dieses Loblied wird zu unserer Waffe. Nicht nur wird Gott dadurch erhöht, sondern es werden auch unsere Ketten brechen, weil wir im Namen dieses Bekenntnisses kämpfen: *Es mag so aussehen, als sei ich umzingelt, aber in Wirklichkeit bin ich von dir umgeben, Jesus.* Alles verändert sich, wenn wir unser Miniwissen über Gott, das in eine kleine Teetasse passt, durch den Ozean des wahren Kennenlernens ersetzen.

Dann wird es dem Feind schwerfallen, in unsere neu gefundene Beziehung zu Gott einzubrechen. Wie gewinnen wir also die Schlacht um unser Denken? Indem wir es auf Christus ausrichten. Punkt. So wird der Feind auf keinen Fall einen Platz an unserem Tisch ergattern.

Kapitel 10

Der Garten unseres Denkens

Shelley und ich gehen mit unserer Hündin London regelmäßig in einem Hundepark spazieren, wo die Tiere ohne Leine herumlaufen dürfen. London genießt das sehr, sie rennt, springt und spielt mit den anderen Hunden. Auch für uns ist das immer eine schöne Zeit.

Aber es ist auch nicht immer so spaßig. In dem Park gibt es einen Abzugskanal, in dem eine Abwasserleitung verläuft, die aus den angrenzenden Gebäuden kommt. Unsere Hündin läuft am liebsten dort hinein, obwohl es ihr streng verboten ist. Das Rohr hat einen Durchmesser von ungefähr sechzig Zentimetern und London verschwindet darin so tief, dass wir sie nicht mehr sehen können. Wir haben keine Ahnung, was in dem gruselig finsteren Rohr so faszinierend ist. London darf auf keinen Fall hinein, das haben wir ihr unmissverständlich klargemacht.

Es passiert auch nicht immer. Normalerweise betreten wir den Park und alles läuft glatt. London hat viel Spaß mit Herrchen und Frauchen. Doch es gibt auch Tage, an denen wir unsere Hündin aus dem Auto springen lassen und ihr förmlich ansehen können, dass sich in ihrem Kopf ein Kampf abspielt.

Ich weiß nicht genau, was sie denkt, aber ich wette, es hört sich ungefähr so an: *Hmm. Herrchen und Frauchen sagen, dass ich nicht in das Rohr reindarf. Wenn ich rauskomme, bin ich nass und habe schmutzige Pfoten. Ich weiß, dass sie das nicht mögen. In dem Rohr ist manchmal auch so ein beißender Geruch. Ich weiß, dass ich da nicht reinlaufen darf, aber … es macht einfach so viel Spaß. Vielleicht probiere ich es das eine Mal. Ich muss die beiden genau beobachten, damit ich sehe, wenn sie in die andere Richtung schauen.*

Und sobald wir das tun, *zack*, ist sie weg. Den Hügel hinunter. Schnell wie der Blitz, auf dem Weg ins Unglück. Sie denkt nur noch an das Rohr. Sie hat es sich in den Kopf gesetzt.

Kennen Sie solche Situationen auch?

Jetzt, wo wir am Ende dieses Buches ankommen, gibt es vielleicht immer noch einen Gedanken oder eine Einstellung, die Sie nicht loswerden. Sie sind belastet mit einer falschen Vorstellung dessen, wer Sie sind. Oder eine bestimmte Versuchung hat Sie fest im Griff und Sie kommen nicht frei. Sie wissen zwar, was Gott von Ihnen möchte, aber es fällt Ihnen schwer, Ihre Gedanken von dem eingeschlagenen Pfad abzubringen.

> Die Schlacht um Ihr Denken wird in Ihrem Kopf geführt. Sie können sich in den Weg, auf dem sich Ihr Leben zum Guten verändert, *hineindenken*.

Tatsache ist jedoch: Die Schlacht um Ihr Denken wird in Ihrem Kopf geführt und gewonnen. Gott möchte, dass Sie Ihre Gedanken unter Kontrolle bekommen im Namen Jesu und in der Kraft des Heiligen Geistes. Sie können sich in den Weg, auf dem sich Ihr Leben zum Guten verändert, *hineindenken.* Darum ist es in diesem Buch die ganze Zeit gegangen. Gott befindet sich mit uns in unserer Lebensgeschichte und deshalb ist sie letztendlich eine Geschichte des Sieges. Dennoch kann es sein, dass wir unterwegs abgelenkt werden und auf Abwege geraten. Wir können dem Feind einen Platz an unserem Tisch geben. Aber wir müssen es nicht.

Römer 8,6 fasst auf beeindruckende Weise zusammen, dass wir dem Feind keinen Platz geben müssen: »Eine Lebenseinstellung, die sich nur nach der menschlichen Natur ausrichtet, bringt letztlich den Tod. Aber die Lebenseinstellung, die vom Gottesgeist bestimmt ist, bringt Leben und Frieden«. (Das Buch) Mir gefällt der Begriff »Lebenseinstellung«, der in dieser Übersetzung verwendet wird, denn er hängt mit dem zusammen, worauf unser Denken ausgerichtet ist. Wir können uns eine neue Lebenseinstellung aneignen, eine neue Art, uns selbst zu sehen und über das Leben nachzudenken.

Wie aber richten wir unser Denken auf das aus, was der Geist Gottes will?

DIE EINSTELLUNG, DIE ZUM LEBEN FÜHRT

Wir brauchen die Einstellung, die zum Leben führt, und ich möchte Ihnen gern zeigen, wie Sie Ihre Einstellung ändern können. Ihre Gedanken können anders werden und Ihr Leben kann anders werden, weil Ihr Denken auf Christus ausgerichtet ist. Gott ist mit Ihnen. Er steht auf Ihrer Seite. Durch Christus hat er einen Brückenkopf des Sieges eingerichtet. Aber der Rest liegt bei Ihnen.

Wie aber funktioniert das alles im Alltagsleben? Wir halten den Feind davon ab, an unserem Tisch Platz zu nehmen, indem wir die Schlacht um unser Denken gewinnen. Das bedeutet, dass wir alte, schädliche Gedanken durch neue, lebenspendende Gedanken ersetzen. Die innere Einstellung, die durch diese neuen Gedanken erzeugt wird, führt dazu, dass wir anders handeln – dass wir unser Verhalten ändern. Der Sieg beginnt in unserem Kopf. Es gibt einen wirksamen Weg, wie wir den Sieg in unserem Denken erringen: indem wir weniger über den Teufel nachdenken oder über das Böse, das wir vermeiden wollen, und mehr über Gott nachdenken und über die Wahrheit, die wir für uns annehmen wollen. Ein sehr effizientes Werkzeug, das uns hier zur Verfügung steht, ist das Einprägen von Bibelstellen.

Stellen wir uns einmal vor, unser Denken sei ein Garten. Es kann passieren, dass Saaten durch den Wind herbeigeweht oder von Vögeln fallen gelassen werden oder sich aus irgendeinem anderen Grund in unserem Garten verteilen. Aber als Gärtner sind wir für das verantwortlich, was dort wächst. Es steht in unserer Macht, die guten Saaten zu gießen und zu kultivieren und das Unkraut herauszureißen, das aus den Saaten entsteht, die wir nicht haben wollten.

Wie aber kultivieren und wässern wir den Garten unseres Denkens und wie jäten wir dort das Unkraut? In Römer 12,2 lesen wir: »Passt euch nicht den Maßstäben dieser Welt an, sondern lasst euch von Gott verändern, damit euer ganzes Denken neu ausgerichtet wird. Nur dann könnt ihr beurteilen, was Gottes Wille ist, was gut und vollkommen ist und was ihm gefällt.« Was wir in unseren Gedanken beherbergen und fördern, das wird in diesem Garten letztendlich wachsen. Wir werden ernten, was wir gesät haben.

Wir erneuern unser Denken dadurch, dass wir uns mit der Bibel beschäftigen. Wir können bestimmen, worüber wir nachdenken. Bewusst säen wir die gute Saat/die guten Gedanken Gottes in unserem Kopf aus. Wenn sie Wurzeln schlagen und wachsen, helfen sie uns, das zerstörerische Unkraut zu beseitigen, das der Feind in unser Denken einpflanzen will.

Im Folgenden werden wir sieben Saaten von Gott kennenlernen. Doch schlagen Sie jetzt bitte das Buch nicht zu, bevor Sie es zu Ende gelesen haben, weil Sie meinen, dass das Anpflanzen von sieben Saaten einfach zu viel für Sie ist. Sie können das schaffen! Es wird Zeit brauchen, aber *Sie können Ihr Denken und damit Ihr Leben verändern.*

Ich möchte Sie dazu ermutigen, klein anzufangen. Ihr Denken mit dem Denken Gottes in Einklang zu bringen ist ein Prozess. Gehen Sie also einen Schritt nach dem anderen. Nehmen Sie sich jeden Tag einen Gedanken vor. Beschäftigen Sie sich mit ihm und prägen Sie sich die betreffenden Bibelstellen ein. Am Ende der Woche werden Sie schon auf einem guten Weg sein, um den Garten Ihres Denkens zu pflegen. Oder Sie nehmen sich einen Gedanken und einen Bibelvers pro Woche vor und tun dies sieben Wochen lang. Was auch immer Sie tun, beginnen Sie jetzt damit, diese sieben Gedanken in Ihrem Kopf zu verankern. Formulieren Sie die Aussagen für sich persönlich und lernen Sie die Verse auswendig.

1. Ich bin Teil der Geschichte Gottes.

Ihr Leben ist ein Teil der größeren Geschichte Gottes. Sie sind eingeladen, an der Geschichte von Gottes großer Herrlichkeit und Gnade teilzuhaben. Es dreht sich alles um ihn. Aber Sie haben einen Platz an seinem Tisch.

Bevor Sie im Leib Ihrer Mutter entstanden, kannte Gott Sie bereits. Jesus, der Gute Hirte, führt Sie immer und lässt Ihre Schritte fest und sicher werden, weil er an Ihrem Weg Gefallen hat. (Psalm 37,23)

Pflanzen Sie diesen Gedanken ein, indem Sie sich den folgenden Bibeltext einprägen: »Denn ich allein weiß, was ich mit euch vorhabe: Ich, der Herr, habe Frieden für euch im Sinn und will euch aus dem Leid befreien. Ich gebe euch wieder Zukunft und Hoffnung«. (Jeremia 29,11)

Sie sind Gott wichtig. Doch letztendlich finden Sie den Sinn Ihres Lebens nicht dadurch, dass Sie den Scheinwerfer auf sich selbst richten. Ihr Leben hat dann die größte Bedeutung, wenn Sie sich entscheiden, es nach dem Einen auszurichten, der Sie in seiner nie endenden Geschichte willkommen heißt.

2. Ich bin wunderbar und einzigartig geschaffen.
Sie sind nicht durch ein zufälliges kosmisches Ereignis entstanden. Gott hat Sie bewusst geschaffen, wunderbar und einzigartig. Er hat Sie erlöst und kennt Ihren Namen. (Jesaja 43,1)

Pflanzen Sie diesen Gedanken ein, indem Sie sich den folgenden Bibeltext einprägen: »Du hast mich mit meinem Innersten geschaffen, im Leib meiner Mutter hast du mich gebildet. Herr, ich danke dir dafür, dass du mich so wunderbar und einzigartig gemacht hast! Großartig ist alles, was du geschaffen hast – das erkenne ich«. (Psalm 139,13-14)

Sie sind nicht der Schöpfer. Sie sind geschaffen. Gott ist nicht nach Ihrem Bild geschaffen, nicht nach dem, wie Sie sich ihn vorstellen. Sie sind nach seinem Bild geschaffen. Er hat beschlossen, dass er Sie in seinem Universum möchte. Sie wurden von ihm ausgedacht und geplant. Sie sind nicht zufällig entstanden. Und Sie sind auch kein Unfall. Sie sind ein Kunstwerk Gottes.

Säen Sie diese Saat jeden Tag aus. Mit der Zeit werden Sie eine große Eiche haben, die Ihnen und den Menschen Ihrer Umgebung Schatten spendet. Sie beginnen zu glauben, dass Sie wirklich so sind, wie Gott es Ihnen sagt. Einzigartig. Besonders. Wertvoll.

3. Mein Leben hat einen Sinn.
Sie wurden aus einem edlen Grund geboren. Gott hat für Sie etwas Gutes zu tun. Er hat Sie zu etwas berufen, das von Bedeutung ist.

Pflanzen Sie diesen Gedanken ein, indem Sie sich den folgenden Bibeltext einprägen: »Was wir jetzt sind, ist allein

Gottes Werk. Er hat uns durch Jesus Christus neu geschaffen, um Gutes zu tun. Damit erfüllen wir nun, was Gott schon im Voraus für uns vorbereitet hat«. (Epheser 2,10)

Was geschaffen wurde, das hat einen Sinn. Es gibt Sie nur einmal. Sie haben eine einzigartige Berufung, einen Daseinsgrund. In Gottes großer Geschichte haben Sie eine Aufgabe, die wichtig und nötig ist.

Fallen Sie nicht auf die Lüge herein, man könne auf Sie verzichten. Das ist nicht wahr. Gott hat Sie aus einem bestimmten Grund in diese Welt gestellt. Ihr Leben ist von Bedeutung, für ihn und für die Menschen, denen Sie dienen sollen.

4. Das Kreuz hat das letzte Wort.

Das Werk, das Jesus am Kreuz vollbracht hat, hat Auswirkung auf Ihr Leben. Es schenkt Ihnen den Sieg über den Tod. Sie werden mit Christus verbunden und sind eine ganz neue Schöpfung. Sie sind nicht ungewollt, ungeliebt oder wertlos. Sie sind von Gott gewollt, nach seinem Bild geschaffen und der Liebe Christi wert, weil er sich entschlossen hat, Ihnen diesen Wert zu verleihen. Ihre Identität ist aus dem Tod, dem Begräbnis und der Auferstehung Christi entstanden.

Christus gab sein Leben für Sie. Ihnen wurde vergeben. Sie sind gerechtfertigt und geheiligt in Christus. Sie wurden in eine neue Familie hineingeboren. Ihre Schuld ist weg. Sie sind frei.

Pflanzen Sie diesen Gedanken ein, indem Sie sich den folgenden Bibeltext einprägen: »Gehört also jemand zu Christus, dann ist er ein neuer Mensch. Was vorher war, ist vergangen, etwas völlig Neues hat begonnen«. (2. Korinther 5,17)

5. Ich diene dem König, wie es ihm gefällt.
Das Werk Jesu verwandelt auch unser Werk. Wir haben nicht bloß einen »Job«, sondern wir dienen Jesus Christus, dem König aller Könige.

Im Licht dieser Tatsache gibt es für Sie eine neue persönliche Vision, an die Sie sich jeden Tag erinnern können. Sie lautet: *Ich bin vom Heiligen Geist zu einer Reich-Gottes-Mission ausgesandt: Ich bin dazu berufen, in einer dunkler werdenden Welt Licht zu sein, damit andere Jesus sehen können.*

Ich bin dazu berufen, in einer dunkler werdenden Welt Licht zu sein, damit andere Jesus sehen können.

Pflanzen Sie diesen Gedanken ein, indem Sie sich den folgenden Bibeltext einprägen: »Ihr seid ein von Gott auserwähltes Volk, seine königlichen Priester, ihr gehört ganz zu ihm und seid sein Eigentum. Deshalb sollt ihr die großen Taten Gottes verkünden, der euch aus der Finsternis befreit und in sein wunderbares Licht geführt hat«. (1. Petrus 2,9)

6. Jesus ist der Herr und Jesus ist mein Herr.
Ihr Gott ist stärker und erhabener als alles andere und er verdient jedes Lob. Ihr Gott ist der große König. Sein Reich besteht für immer; seine Pläne sind unumstößlich und sicher.

Pflanzen Sie diesen Gedanken ein, indem Sie sich den folgenden Bibeltext einprägen: »Darum hat ihn Gott erhöht und ihm den Namen gegeben, der über allen Namen steht. Vor Jesus müssen einmal alle auf die Knie fallen: alle im Himmel, auf der Erde und im Totenreich. Und jeder ohne Ausnahme wird zur Ehre Gottes, des Vaters, bekennen: Jesus Christus ist der Herr!« (Philipper 2,9-11)

7. Mein Gott verwandelt Böses in Gutes.
Das Leben entwickelt sich nicht immer so, wie wir es uns erhoffen. Wir leben auf einem gefallenen Planeten. Aber nichts kann die Saat, über die wir eben gesprochen haben, daran hindern, in unserem Denken angebaut zu werden. Kein Leid, keine Enttäuschung oder Krankheit oder Scheidung oder Dunkelheit oder Wüstenzeit kann verhindern, dass die göttlichen Gedanken in uns wachsen und zu mächtigen Bäumen werden.

Pflanzen Sie diesen Gedanken ein, indem Sie sich den folgenden Bibeltext einprägen: »Das eine aber wissen wir: Wer Gott liebt, dem dient alles, was geschieht, zum Guten. Dies gilt für alle, die Gott nach seinem Plan und Willen zum neuen Leben erwählt hat«. (Römer 8,28)

Beginnen Sie heute. Gott hat diese Wahrheiten in seinem Wort ausgesprochen. Nun liegt es an Ihnen, sie in Ihrem Denken einzupflanzen, sie weiter zu nähren und zu pflegen, bis das Wort Wurzeln schlägt, wächst und Frucht bringt.

Rufen Sie sich die Vergleiche, die wir hier verwendet haben, noch einmal ins Gedächtnis, damit das Gehörte für Sie anschaulicher wird:

Der Garten ist Ihr Denken. Dort wächst eine veränderte Person heran, die aus dem Wort Gottes entstanden ist, das Sie ausgesät haben. Diese Person sitzt am Tisch, dem Ort der Gemeinschaft mit dem Guten Hirten. Dort wollen Sie dem Teufel keinen Platz geben, denn Sie wollen das Mahl mit Ihrem Herrn genießen. Der Berg ist ein Bild für die Größe Gottes und für ihn selbst. Sie haben das Vorrecht, immer höher hinaufzusteigen, während Sie ihn immer besser kennenlernen.

All diese Bilder sprechen von einer tiefen und sich weiter vertiefenden Beziehung mit dem Gott des Universums, zu der Sie eingeladen sind. Sie brauchen sich nicht zu fürchten. Jesus, der Gute Hirte, führt Sie bei jedem Schritt auf diesem Weg.

EINE AUFGABE FÜR DAS GANZE LEBEN

Die Bibel sagt klar: Jesus lebt in Ihnen, und wenn Jesus in Ihnen lebt, haben Sie eine weiße Weste. Sie sind frei von der Verdammnis, Sie haben ein neues Leben bekommen und wurden in eine neue Familie hineingestellt. Sie haben eine Beziehung zu Gott durch Jesus. Das Werk, das Christus am Kreuz vollbracht hat, hat Sie vom Tod befreit, darum können Sie Ihr Leben nun in voller Hingabe an Christus führen. Sie sind lebendig in Gottes Geist, lebendig durch seinen Geist, lebendig für Christus, lebendig in Christus, um das Leben Christi zu führen, damit er verherrlicht wird. Das ist keine Verhandlungssache. Es ist der Ruf, Ihr Leben Jesus komplett zur Verfügung zu stellen. Sie sind für ihn völlig offen und völlig verfügbar. Er hat Ihnen eine neue Identität geschenkt. Ihre Berufung besteht darin, ihn der Welt bekannt zu machen.

Ich weiß nicht, wie es bei Ihnen ist, aber ich möchte meine Gedanken und mein Herz täglich auf Christus ausrichten. Ich möchte mein Denken beständig von der Bibel prägen lassen. Dabei will ich keine Zeit verschwenden und nicht vom Weg abkommen. Dem Feind will ich keinen Platz an meinem Tisch geben. Ich möchte mein Denken nach dem Heiligen Geist ausrichten und mich ihm täglich zur Verfügung stellen. Gott hat einen Weg für Sie und mich gebahnt; und den gehen wir nicht, wenn wir nur unseren eigenen Willen verfolgen. Wir müssen in den Prozess eintreten, Jesus in der Welt bekannt zu machen.

> Die Schritte, die wir im Glauben gehen, aktivieren die Kraft des Heiligen Geistes.

Ich persönlich wünsche mir, dass Gott auf übernatürliche Weise in meinem Leben wirkt. Ich möchte nicht am Ende auf ein »normales« Leben zurückblicken, das so ausgesehen hat, wie es in dieser Gesellschaft üblich ist. Ich will nicht das Durchschnittliche. Ich wähle nicht den leichtesten Weg. Ich möchte Gott intensiv persönlich kennenlernen. Und ich will ein Leben, für das menschliche Erklärungen allein nicht ausreichen.

Ich denke, das ist auch das Leben, das Sie sich wünschen. Es kann Ihr Leben sein. Eines, das voll und ganz von der Kraft des Heiligen Geistes abhängig ist. Es wird aktiviert, wenn Sie im Glauben vorwärtsgehen. Wie oft wollen wir erst Wunder sehen, bevor wir einen Schritt tun. Wir sagen: »Okay, Gott, tu was Großes, dann gehe ich diesen Schritt. Gib mir erst die richtigen Worte, bevor ich ans Mikrofon trete. Gib mir erst das Geld und dann beginne ich das Projekt, zu dem du mich berufen hast. Schenk mir erst einen Ehepartner und dann breche ich ins Ungewisse auf.« Aber die Fülle des Lebens, die Jesus uns schenkt, wird für uns oft erst dann ersichtlich, wenn wir uns in Bewegung setzen, seiner Führung folgen, den Mund aufmachen und sprechen. Die Schritte, die wir im Glauben gehen, aktivieren die Kraft des Heiligen Geistes.

Das ist heute Ihre Berufung.

Geben Sie dem Feind keinen Platz an Ihrem Tisch. Sie können die Schlacht um Ihr Denken gewinnen. Geben Sie der Sünde, der Verzweiflung und der Dunkelheit nicht nach. Nehmen Sie jeden Gedanken im Namen Christi gefangen. Legen Sie jedem Gedanken, der nicht von Gott kommt, im Namen Jesu Fesseln an. Füllen Sie Ihr Denken mit der Güte und dem Reichtum der Bibel. Lernen Sie Verse auswendig und werden Sie zum DJ Ihres Denkens, indem Sie Ihr Herz und Ihr Leben beständig mit den Gedanken Gottes füllen. Übergeben Sie Ihr Leben vollständig Jesus. Er wird Sie auf grünen Auen weiden und Sie zum frischen Wasser bringen. Er führt Sie durch finstere Täler, aber Sie brauchen sich dennoch niemals zu fürchten. Ihnen wird nichts mangeln, weil Jesus Ihre Seele erquickt. Jesus wird Sie an einen Tisch im Angesicht Ihrer Feinde führen. Doch auch hier brauchen Sie nichts zu fürchten, denn er hat Ihr Haupt mit Öl gesalbt, Ihren Becher bis zum Rand gefüllt. Gutes und Barmherzigkeit werden Ihnen folgen Ihr Leben lang.

Der Gute Hirte sitzt an Ihrem Tisch. Jesus hat Sie zu der ganzen Fülle eingeladen, die er schenken will. Es ist ein Mahl nur für Sie beide. Jesus selbst ist das Festmahl.

Anmerkungen

1 Die ganze Geschichte ist in ihren Büchern nachzulesen. Katherine und Jay Wolf: *Suffer Strong (Nashville: Zondervan 2020) und Hope Heals (Nashville: Zondervan 2016).*

2 Diese Geschichte habe ich schon öfter erzählt, also haben Sie sie wahrscheinlich schon einmal gehört. Aber für die Botschaft dieses Buches ist sie zentral, denn so oft werden wir mit dieser Botschaft konfrontiert, ohne sie zu erkennen. Darum erzähle ich die Geschichte hier ein weiteres Mal.

3 »What Happens If You Fall into Quicksand?« Produziert von *What If?, in Zusammenarbeit mit Underknown und Ontario Creates, 24. Juli 2019,* https://www.youtube.com/watch?v=-jYlZyO62V7A (aufgerufen am 30.04. 2022).

4 Hilfreich für das Verständnis des Wortes »heilig« ist das Video »Is Every Christian a Saint?« von John Piper in seinem Blog *Desiring God, 22. Juni 2017,* https://www.desiringgod.org/labs/is-every-christian-a-saint (aufgerufen am 02.05. 2022).

5 Jack May: »Which Is London's Deepest Tube Station?« *City Monitor,* 5. April 2017, https://www.citymetric.com/transport/which-london-s-deepest-tube-station-2938 (aufgerufen am 02.05. 2022).

6 Das Beispiel findet sich auch in dem Buch von Priscilla Shirer: *Awaken. 90 Days with the God Who Speaks.* Nashville: B&H Books 2017, Tag 51.

7 Dave Roos: »D-Day: Facts on the Epic 1944 Invasion That Changed the Course of WWII«, History, zuletzt überarbeitet am 4. Juni 2020, https://www.history.com/news/d-day-normandy-wwii-facts (aufgerufen am 05.05. 2022).

8 C. S. Lewis: *Das Gewicht der Herrlichkeit und andere Essays. 1. Taschenbuchauflage, Basel und Gießen: Brunnen Verlag 2005, S. 93–94.*

9 A. W. Tozer: *Das Wesen Gottes.* 4. Aufl., Berlin: EBTC 2021, S. 24.

10 James Strong: *Strong's Exhaustive Concordance of the Bible.* Nashville: Thomas Nelson 2009, S. 6942.

11 Strong, S. 3519.

12 *Des heiligen Kirchenvaters Aurelius Augustinus Bekenntnisse. Bibliothek der Kirchenväter, 1. Reihe, Band 18, Augustinus Band VII. Kempten und München: Verlag der Jos. Köselschen Buchhandlung 1914, S. 1.*

13 David D. Kirkpatrick und Rukmini Callimachi: »Islamic State Video Shows Beheadings of Egyptian Christians in Libya.« *New York Times, 15. Februar 2015,* https://www.nytimes.com/2015/02/16/world/middleeast/islamic-state-video-beheadings-of-21-egyptian-christians.html?searchResultPosition=6 (aufgerufen am 18.05. 2022).

Weitere Bücher von FRANCKE

Noor van Haaften
David – von Gott erwählt
ISBN 978-3-96362-229-8
248 Seiten, Paperback
auch als E-Book erhältlich

Er wurde völlig überraschend in seinem Heimatort Bethlehem von Samuel gesalbt. Dass der junge Hirte von Gott als neuer König Israels erwählt worden war, blieb dabei ungesagt. Anfänglich blieb er bei der Herde seines Vaters, dann holte man ihn als Musiktherapeut an den königlichen Hof. Es folgte eine steile militärische Karriere im Heer Israels. Aber dann wendete sich das Blatt: Der junge Krieger und Held Israels wurde ein Gejagter.

In diesem Buch legt die bekannte Autorin und Referentin Noor van Haaften eine neue gründliche und faszinierende Bibelauslegung vor. Während David manche Krisen mit Gottes Hilfe meistert, wird ihm in anderen Situationen schmerzhaft bewusst, dass eigenmächtige Entscheidungen sehr schädlich sein können.
Nach Sauls Tod wird er der mächtigste Monarch seiner Zeit. Aber entscheidender ist: Gott erwählte diesen Mann als Vorfahr von Jesus, den König aller Könige, auch Davids Sohn genannt.

Phillip Keller
Was mein Hirtenhund mich lehrte
ISBN 978-3-86827-275-8
112 Seiten, gebunden

In diesem Buch erzählt Phillip Keller eine wahre Geschichte aus seinem Leben, die für ihn zu einem Bild für Gottes verändernde Kraft der Liebe geworden ist. In jungen Jahren baut er sich seine eigene Schaffarm auf Vancouver Island in Kanada auf. Als Hütehund erwirbt er einen Border Collie, ein wildes und misstrauisches Tier, zu dem er mit viel Geduld und Verständnis eine Beziehung aufbaut. Die Hündin Lass hat so manche Lektion zu lernen, bis sie Vertrauen zu ihrem Hirten fasst und mit Freude das auslebt, was in ihr steckt – Schafe zu hüten.

Ein wundervolles Gleichnis dafür, wie der gute Hirte an uns und mit uns arbeitet, um das zu wecken, was in uns steckt.

Christian Huster
KÖNIGLICH
Von David lernen, ein Mann nach dem Herzen Gottes zu werden
ISBN 978-3-96362-021-8
170 Seiten, Paperback
auch als E-Book erhältlich

König David – eine faszinierende Persönlichkeit mit charakterlichen Stärken, aber auch großen inneren Abgründen. Und dennoch – ein Mann nach dem Herzen Gottes, der sich zeitlebens nach Gott sehnte, ihm dienen wollte und immer wieder zu ihm umkehrte.
»**KÖNIGLICH**« richtet sich an Männer, die Gott gefallen wollen. Männer mit Ecken und Kanten, aber auch großem Potenzial – wie David. Anhand seiner Lebensgeschichte wird deutlich, was ein Männerherz von seinem himmlischen König entfernen kann. Genauso aber, welche Würde und Verantwortung ein Mann von Gott übertragen bekommt. Denn einem »König wie David« geht es nicht um Selbstdarstellung oder Macht, sondern um Charakter und Verantwortung, letztlich um das Wesen Jesu. Er, der Nachkomme Davids, der »König der Könige«, ruft Männer in seine Gefolgschaft.

Eine Reise durch das Leben Davids, in die immer wieder Bezüge zum Neuen Testament und Erfahrungen aus dem Leben des Autors einfließen.